Compre su casa ahora

Próximamente en su librería

Repare su crédito ahora

Hay una respuesta

Consiga un trabajo hoy

*Obtenga la ciudadanía americana para
usted y su familia*

(también puede encontrar estos libros en inglés)

Serie Esperanza

Compre su casa ahora

Rdo. Luis Cortés Jr.

ATRIA BOOKS

NEW YORK LONDON TORONTO SYDNEY

ATRIA BOOKS

1230 Avenue of the Americas
New York, NY 10020

ISBN-13: 978-0-7432-8805-7
ISBN-10:   0-7432-8805-X

Primera edición en rústica de Atria Books, mayo de 2006

10   9   8   7   6   5   4   3   2

ATRIA BOOKS es un sello editorial registrado de Simon & Schuster, Inc.

Impreso en los Estados Unidos de América

Para obtener información respecto a descuentos especiales
en ventas al por mayor, diríjase a *Simon & Schuster Special Sales*
al 1-800-456-6798 o a la siguiente dirección electrónica:
business@simonandschuster.com.

Índice

Introducción

Es el sueño de miles de norteamericanos: tener una casa que puedan llamar su hogar, poder irse a dormir sabiendo y sintiendo una sensación de permanencia en sus vidas. ¡Su sueño de tener un hogar puede hacerse realidad! Puede que le cueste un gran esfuerzo. Usted debe aprender a comprar y tener una casa. Puede que tenga que cambiar algunos gastos habituales. Este libro le ayudará a comprender el proceso de comprar una casa:

- Le ayudará a pensar en el por qué quiere tener una casa.
- Le ayudará a saber si se encuentra preparado para tener una casa.
- Le ayudará a planear la compra de una casa.
- Le ayudará a entender los pasos fundamentales en la compra de una casa.
- Le ayudará a conocer quienes son las personas que colaborarán con usted en la compra de una casa.
- Le ayudará a comprender el lenguaje usado por los bancos y otras entidades y personas que trabajarán con usted.
- Le ofrecerá la destreza necesaria para llenar importantes formularios.
- Le ayudará a conservar su casa una vez que la compre.

Este libro contiene también muestras de los documentos que necesitará llenar y firmar durante el proceso de compra de una vivienda; una lista de los importantes términos que escuchará, leerá y usará; una lista de otros materiales que puede leer para tener una mejor comprensión del proceso de adquirir una casa. También le proporcionaremos un código especial mediante el cual puede obtener más información gratuita en nuestro sitio en la Red.

Muchas personas pueden decirle que no es posible; que llegar a ser el propietario de una casa está fuera de su alcance. Pero yo he visto a muchos que cambian esa suerte y, luego de años de ahorros, alcanzan la meta de tener su casa propia. ¿Cómo? Son personas que aprendieron el proceso, desarrollaron un plan, fijaron una meta y se esforzaron por alcanzarla. Usted también puede intentarlo y, en cada paso en el proceso, puede volver a este libro una y otra vez para continuar aprendiendo.

Uno de los obstáculos a vencer en la adquisición de una casa es el financiero. Otro es el de convertir su casa en un verdadero hogar. Este libro también abordará esos temas, y la buena nueva es que si usted tiene que aplazar el objetivo de comprarse una casa porque necesita un plan de ahorros a largo plazo, puede comenzar a construir un hogar inmediatamente. Exploraremos algunos de los medios que tenemos a nuestra disposición para convertir cualquier lugar en un hogar para nosotros y nuestra familia. ¡El sueño americano de una casa, una familia y un futuro puede ser suyo! Oro porque este libro ayude a despertar su apetito por el proceso de comprarse una casa y que le ofrezca las razones por las cuales comprar una casa y convertirla en un hogar será una bendición para usted y sus seres queridos.

¡Ojalá vea cumplido su sueño de tener un hogar! Con la ayuda de Dios y de un tenaz empeño llegará a tener éxito.

Rdo. Luis Cortés Jr.

Comprar una casa y hacer un hogar

Convertir un casa en un hogar

Por tanto, todo el que me oye estas palabras y las pone en práctica es como un hombre prudente que construyó su casa sobre la roca. Cayeron las lluvias, crecieron los ríos, y soplaron los vientos y azotaron aquella casa; con todo, la casa no se derrumbó porque estaba cimentada sobre la roca. Pero todo el que me oye estas palabras y no las pone en práctica es como un hombre insensato que construyó su casa sobre la arena. Cayeron las lluvias, crecieron los ríos, y soplaron los vientos y azotaron aquella casa, y ésta se derrumbó, y grande fue su ruina.

MATEO 7:24–27 (NVI)

La escritura anterior es obvia para nosotros: si construimos sobre una roca, un cimiento firme, la casa sobrevivirá tiempos difíciles. La compra de una casa no crea un hogar; de hecho un hogar no se funda por la propiedad de una casa, sino por una actitud mental que crea las condiciones temperamentales y ambientales, que da lugar a un espacio físico que tiene profunda significación espiritual. Un hogar irradia seguridad, amor, formación y una conexión entre todos los que viven en él y los que entran por sus puertas. ¿Cómo lograr, pues, la transformación de una casa en un hogar? ¿Por qué querríamos crearlo? ¿Cómo podemos levantar un cimiento sólido para nuestra familia?

Una casa que se convierte en un hogar le da estabilidad a su familia. Aquellos que tienen casa propia tienen mayores probabilidades de adaptarse mejor a las aspiraciones y valores norteamericanos.

> Un estudio del Departamento de Vivienda y Desarrollo Urbano de Estados Unidos lo enuncia de este modo: El deseo de poseer una casa está profundamente arraigado en la psique norteamericana. Poseer una casa encarna la promesa de autonomía individual y de bienestar material y espiritual que muchas personas buscan al venir a este país. Además de su importancia funcional y su valor económico, tradicionalmente, la propiedad de una casa ha conllevado una cierta categoría social y una posición política. Todavía se cree que promueve el medro económico, la estabilidad, la buena vecindad y otras virtudes individuales y cívicas.

La propiedad de una casa crea riqueza

Comprar una casa es la inversión más grande que hará la mayoría de las familias a lo largo de sus vidas. Se trata en efecto de un plan de ahorros forzado en esa parte de sus pagos hipotecarios que es retenido como capital de su casa. En tanto el valor de la casa no se erosione, hay un beneficio económico a largo plazo. Como tendencia general, poseer una casa es una buena inversión a largo plazo. La propiedad inmobiliaria se ha convertido en un factor crítico en el ascenso económico en tanto el capital de la propiedad sea la mayor fuente de riqueza familiar para la mayoría de los norteamericanos. Para los propietarios, casi el 60 por ciento de su riqueza existe en forma de capital inmobiliario. Para los propietarios pertenecientes a las minorías, el capital inmobiliario es un componente de riqueza aún más importante, ya que representa más de tres cuartas partes de su caudal neto mediano. Los propietarios también disfrutan de importantes ventajas fiscales. El valor y la distribución de las preferencias de impuestos federales por concepto de propiedad, tales como la capacidad de deducción de impuestos sobre la propiedad y los intereses hipotecarios y la exclusión de ganancias de capital por una sola vez.

La propiedad inmobiliaria crea bienestar personal

La propiedad inmobiliaria es un símbolo reconocido de condición social y una meta importante para muchos norteamericanos. Mejora nuestro amor propio y nuestra satisfacción con la vida. Poseer una casa es una meta ampliamente compartida y acariciada, y una ilusión y esperanza de la mayoría de los norteamericanos. Muchos eruditos han razonado que lograr esta meta tiende a aumentar la satisfacción del propietario con la vida. Con frecuencia se arguye que la propiedad de una casa aumenta el sentido de control del propietario sobre su vida y su ambiente ya que le ofrece mayor privacidad y protección. Una persona se siente más poderosa cuando puede poseer, cambiar y controlar su ambiente, de ser capaz de pintar, cambiar aditamentos y el interior o el exterior de su casa. Su espacio vital sostendrá mejor su estilo de vida, y puede aumentar su satisfacción con su casa y su vida. Saber que uno no tendrá que negociar nuevos contratos con todo lo impredecible que ello conlleva, es también parte del control financiero y geográfico que promueve el bienestar. Un propietario controla quién entra en su casa. La condición social y la libertad que trae consigo la propiedad de una casa puede conducir a niveles más elevados de amor propio y a una creencia en que puede ejercer una mayor control sobre la vida en general.

La propiedad de una casa crea una familia más saludable

Psicológicamente, ya hemos notado que el amor propio de los que poseen una casa es más alto que el de aquellos que no la poseen. Algunos estudios atribuyen esto a tres factores subyacentes: primero, la compra de un hogar lleva a que los demás nos tengan en mayor estima; segundo, como propietarios nos damos cuenta de que nos está yendo mejor; y tercero, nos vemos a nosotros mismos como personas exitosas en alcanzar las metas que nos proponemos, siendo nuestra compra la prueba de nuestra propia competencia. La vasta mayoría de los propietarios admite que ser propietarios los ha hecho sentirse mejor respecto a ellos mismos. Los propietarios empleados han reportado menos esfuerzo económico, un menor índice de depresión y de abuso de bebidas alcohólicas que los inquilinos. La propiedad contribuye tanto a la salud psicológica, como a la salud física. Los propietarios no tienen que tratar con dueños que proporcionan calefacción o aire acondicionado deficiente, y también padecen de menos plagas de insectos y roedores que pueden dar lugar a enfermedades respiratorias y de otro tipo. Los propietarios también salen mejor cuando responden a cuestionarios de salud general y en los indicadores de salud.

La propiedad de una casa crea un mejor ambiente educativo para sus hijos

Parece que no hay mejor razón para comprarse una casa que la que nos dan los estudios respecto a nuestros hijos. Los propietarios tienden a crear un ambiente doméstico de mayor calidad para los niños y éstos encuentran un mejor sostén en su desarrollo físico, emocional e intelectual. Los niños tendrán un mejor rendimiento en los exámenes de matemáticas y lectura, habrá menos probabilidades de que abandonen la escuela secundaria, que tengan hijos siendo adolescentes o que sean arrestados antes de los 18 años. En otras palabras, los niños que viven en sus propias casas tienden a tener mejores resultados académicos y tienen menos probabilidades de incurrir en conductas que perjudiquen su futuro desarrollo. Los hijos de propietarios tienden a convertirse en propietarios. El tener un buen rendimiento escolar y meterse en menos problemas conduce a un incremento de las ganancias y a la adquisición de un hogar.

La propiedad de una casa crea mayor estabilidad en el vecindario

La estabilidad de la familia contribuye a la estabilidad que la propiedad de una casa le brinda al vecindario y, a su vez, es realizada por ésta. Ya hemos notado que habrá menos delincuencia entre los jóvenes, y hay estudios que muestran que hay menos adicción al alcohol o las drogas de parte de los adultos. Una de los argumentos más persistentes a favor de la propiedad de una casa es que los propietarios hacen una mayor inversión económica y emocional en su vecindario y que hay más probabilidades de que lo mantengan y lo mejoren. Los propietarios tienen menos cambio residencial ya que el comprar una casa se ve como una señal del compromiso de una familia de permanecer en la comunidad. El compromiso de los que viven en sus propias casas afecta también a los residentes arrendatarios ya que es menos probable que se muden del vecindario. Una de las razones para esto es que los que viven en sus propias casa es más probable que mantengan y mejoren sus propiedades, a diferencia de los dueños ausentes o de sus inquilinos. Los dueños de casas gastaron más en mantenimiento, era menos probable que aplazaran las reparaciones, y reportaron menos problemas de vivienda. La propiedad crea un vecindario de más alto nivel: la formación de asociaciones de vecinos, o de cuadras, que dan lugar a una mejor comprensión del liderazgo político y local del vecindario. Los asuntos de interés común tales como la policía, los bomberos y las necesidades escolares deben compartirse entre los vecinos. La creación de un comunidad del barrio conduce a la creación de programas de prevención de delitos, tales como el de vigilancia del vecindario *(neighborhood watch)*. Aun en la cooperación para frenar la actividad ilícita, los vecinos propietarios tienen mayores probabilidades de velar los unos por los otros.

Ya hemos descubierto muchas de las razones por las que debemos esforzarnos para llegar a ser propietarios. La propiedad de una casa puede ayudarnos a crear: riqueza, bienestar personal y un ambiente familiar más sano; mejores logros educativos para nuestros hijos y mayor estabilidad en la familia y en el vecindario. Si puede costearse la compra de una casa debería considerarlo.

Comenzamos este capítulo con un texto sagrado, una parábola o narración breve, un relato que vigorosamente ilustra una sola idea. Esta parábola es acerca de dos personas que edifican una casa: una la cimienta sobre la roca, y la otra sobre la arena. Se nos dice que una persona prudente construye sobre un cimiento seguro, una persona tonta no le presta atención al cimiento. La parábola se vale del texto para transmitirnos la idea de que tenemos que prepararnos para los tiempos difíciles y que los tiempos difíciles llegarán para todos. Lluvias, inundaciones y vientos vendrán a nuestras vidas de muy diversas formas y maneras. Claramente, la parábola comparte con nosotros la necesidad de tener un cimiento firme para encarar las tormentas de la vida. Estas tormentas pueden azotarnos por un delito o por un accidente, o debido a nuestras propias acciones y pueden hundir a nuestra familia, amigos o seres queridos, agrediendo nuestra salud, nuestra economía o nuestras relaciones. Para repeler o resistir estos acontecimientos indeseados, es importante que su hogar esté centrado espiritualmente, que es lo que significa edificar sobre la roca, de manera que cuando la tormenta llegue, y llegará, usted pueda resistirla y sobrevivirla. Edificar sobre una roca nos ayuda a transformar una casa en un hogar. A diferencia de una casa que puede comprarse, edificar sobre la roca exige el desarrollo de una espiritualidad interior que llegue a formar parte de su vida y de cómo usted se enfrenta a la adversidad. Es la seguridad de que Dios está presente en su vida y de que el amor de Dios por usted es inalterable. Esa es la fe, una aceptación de que Dios está tan interesado como deseoso de relacionarse con usted. Esta relación puede ser decisiva para convertir su casa en un hogar. Puede ayudar a centrar a toda su familia y a los que entran en su casa en la medida en que usted les exprese su amor y cuidado. Bien entendido, Dios está deseoso de una relación con usted y Dios procura activamente esa relación. Dios le ayudará a convertirse en una mujer o un hombre de principios más sólidos, que viva una vida que no sucumba ante la presión ni se hunda en la arena cuando llegue la tormenta. Usted se convertirá en alguien que puede encarar la tormenta sin que la casa se desplome, y así será porque ha escogido relacionarse con Dios. Usted se ha fortalecido interiormente. Se ha convertido en alguien que ha aprendido a caminar con Dios en el día de hoy, al siguiente y al próximo. Enfrentando lo que haya de enfrentar, el día que traiga la tormenta no será diferente del que lo precedió. En ese momento, Dios será su compañero porque usted se ha acostumbrado a escuchar y obedecer la voz de Dios, y su vida se sostendrá sobre un cimiento. Usted será capaz de hacerle frente a cualquier tragedia que la vida le pueda deparar. Echar un firme cimiento exige fe, la cual es en efecto el cimiento mismo. El cimiento se hace más fuerte en la medida en que usted aprenda a creer que Dios escucha y perdona y que lo hace así por amor.

Dios escucha

El desarrollo de su centro espiritual comienza con la realización de que Dios ciertamente escucha. Aunque esto parece sencillo, en verdad no lo es. Muchas personas creen que Dios no puede ocuparse de los seres intrascendentes e insignificantes que somos, dadas todas las personas y necesidades que hay en el mundo. Otros no pueden admitir que Dios quiera escucharles dadas las cosas que han hecho y las que han dejado de hacer por ellos mismos y los demas. Por cualquiera que sea la razón, la mayoría de nosotros creemos profundamente que no podemos acercarnos a Dios. Si hablas con Dios, Él escuchará. Todo lo que necesita hacer es intentarlo. ¿Qué clase de oración escucha Dios? Hay tres cosas que Dios quiere de nosotros: primera, debemos orar con el corazón; segunda, debemos reconocer nuestra necesidad y nuestro dolor, sin esconder nada; tercera, necesitamos tener fe. La oración debe hacerse desde el corazón. Debe ser pura, en el sentido de que no haya nada artificial en ella, una conversación que sea plenamente emotiva según lloremos, clamemos, protestemos, susurremos o nos quedemos callados ante Dios. Nuestras oraciones han de reconocer tanto la existencia de Dios como nuestras necesidades. No podemos esconder nada de Dios. Él conoce nuestro ser más íntimo. Conoce cuáles son nuestras fuerzas y nuestras debilidades. ¿Cómo podemos ocultarle a Dios alguna de nuestras necesidades? Hay ocasiones en que no estamos seguros de la orientación de Dios debido al dolor que sentimos y el conflicto al que nos enfrentamos. Pero si perseveramos, podemos volver la mirada y ver a Dios guiando nuestra vida y la de nuestra familia y amigos en cada paso del camino. ¿Qué es lo que necesitamos realmente? Dios conoce nuestros deseos. Dios conoce nuestras necesidades mejor que nosotros mismos. Dios no responderá todas las oraciones del modo en que queremos. Más bien, escuchará ciertamente nuestra oración. Dios escucha las oraciones y peticiones de su pueblo. Dios ve la desolación y la destrucción que tiene lugar en el mundo y en nuestras vidas. Le hacemos peticiones a Dios porque él es misericordioso. En nuestra oración debemos rendirle adoración y reconocerlo como creador y sustentador. Confesamos nuestras faltas. Le damos gracias por nuestras vidas. Le presentamos nuestras súplicas y nuestras necesidades. Podemos desear una casa para el desarrollo de nuestra familia. Orar y pedir la bendición de Dios en el proceso de adquirir una casa no sólo es apropiado sino que es el primer paso en hacer de su futura casa un hogar.

Dios perdona

El perdón es una acción de Dios que deshace los obstáculos y las barreras que separan a los humanos de la presencia de Dios, abriendo el camino a la reconciliación y estableciendo una relación con Él. Dios desea tener una relación sana y plena con cada ser humano. Nuestra persistencia en desobedecer, en alejarnos de los deseos de Dios, nos distancia de esa relación. El perdón es la remoción de las barreras entre nosotros y Dios. Entender que el perdón es un don de Dios que Él realmente quiere concedernos es una parte importante del cimiento que crea un hogar centrado en la espiritualidad. El perdón es la cola que le capacitará a resistir las tormentas que azotarán su casa. El perdón que Dios le concederá, al pedirlo, usted debe a su vez otorgárselo a otros. Al crear un hogar, los miembros de la familia inevitablemente se defraudarán unos a otros. Toda familia tendrá que aprender y ejercer el perdón para sobrevivir. Como tal siempre debemos recordar que somos criaturas que nunca podemos merecer el perdón que Dios Todopoderoso concede, no obstante lo recibimos porque Dios nos ama. Dios, a su vez, nos pide que perdonemos a los demás.

Dios ama

Que Dios está cerca y que lo está por amor es incuestionable. Cuando a Cristo le preguntaron "cuál es el mayor de los mandamientos", respondió: "amarás al Señor tu Dios y amarás a tu prójimo como a ti mismo", implicando que Dios ama y puede ser amado. Es este amor divino el que no escatimará esfuerzos en hacerle bien a la humanidad y en garantizar nuestro bienestar. La actividad de Dios es amar, y Dios le ruega a la humanidad que le corresponda, amándolo y amándose los unos a los otros. Como cristianos, entendemos que el amor de Dios es tan poderoso que el escritor del evangelio de Juan dice "porque de tal manera amó Dios al mundo que dio a su único hijo, para que todo aquél que en él crea no se pierda sino que tenga vida eterna" (Juan 3:16). Lo sorprendente es que Dios nos ama y que debido a ese amor siempre nos escuchará y nos perdonará. Según usted siga reflexionando y meditando en el amor de Dios, se conectará con su presencia, comenzará a crecer en la confianza de que Dios escucha, perdona y ama. Al proceso de conexión puede ayudar su asociación a una casa de culto, a clérigos y a otras personas que andan en busca del amor de Dios. Esta conexión hará que, eventualmente, usted encuentre la oportunidad de usar su fe creciente para servir a otros, comenzando con aquellos que viven con usted y los que viven cerca o lo visitan. Según aumenta su comprensión del amor de Dios por usted, comienza usted a desarrollar su capacidad de amar a otros. En la medida en que oigamos hablar del amor de Dios, aprenderemos a actuar según el amor de Dios. Amar a otros refleja la naturaleza de Dios que está en nosotros y es la prueba de que somos hijos de Dios. Sabemos que debemos amar porque sabemos lo que es ser amados. El acto de amar a otros hace posible que Dios viva en nosotros más plenamente. Al amar a otros el amor de Dios se hace más pleno en nosotros. En nuestra comprensión de este fenómeno y en el obrar en consecuencia hablando con Dios, comienza la construcción de nuestro hogar, cuyos cimientos están afincados en la roca, no en la arena. Ahora usted puede convertir el lugar físico al que llama su casa, en el centro espiritual al que llama su hogar.

Un hogar

Un famoso poeta norteamericano escribió "El hogar es ese sitio donde, cuando uno tiene que ir allí, tienen que recibirlo". Esa cita se ha usado por casi cien años porque encapsula algo que es muy cierto. Todos esperamos tener un lugar como ése, un lugar que nos sirva de refugio, donde si estamos cansados podamos descansar, si estamos hambrientos podamos comer y si estamos sedientos, nos den de beber. Éste es el tipo de ambiente que usted quiere crear para su familia. Antes de que usted encuentre y compre su casa, prepárense, usted y su familia, para echar los cimientos económicos y espirituales del hogar al que nos referimos en este libro. Tan pronto como se mude a su casa comience su conversión física. Cree lugares especiales que promuevan la historia, la tradición y la cultura familiares; sea en fotos de momentos singulares del pasado y del presente; libros que fueran importantes para usted o para miembros de la familia que quiere que sus hijos lean; cerámicas, cuadros, alfombras; cualquier cosa a la que se asocie una historia familiar que deba ser compartida y transmitida a otros. Estas cosas materiales quedarán integradas por el amor. Estos espacios no se crean por la inversión del dinero, sino por la inversión del tiempo. Las acciones sencillas son aquellas que más se recuerdan. El vaso de leche y el plato de galletas para sus hijos cuando los ve al llegar a casa de trabajar y les dice "no dejen que esto les estropee la cena"; la taza de café del sábado o el domingo con su pareja mientras ambos sueñan con el futuro. Estas pequeñas tradiciones, si se hacen con amor, se convierten en las cosas que ayudan a inspirar y conservar un hogar, aun a través de tiempos tormentosos. Cada espacio de la casa puede adquirir un significado especial: la cocina y el comedor son espacios excelentes donde uno puede hacer un alto para compartir algo bueno o malo que haya sucedido. Allí se pueden compartir los sueños, así como las esperanzas para el futuro y la ayuda para los conflictos del presente.

No debe haber un lugar de la casa donde los padres y sus hijos no puedan jugar. Jugar es el aspecto más menospreciado del desarrollo de un centro espiritual en el hogar. *¡Juegue con sus hijos!* Juegue con ellos en su dormitorio, en la sala, en la cocina, en cualquier parte donde pueda provocarles una sonrisa y por lo tanto, una sonrisa a usted también. ¡Vean juntos la televisión! Sé que la mayoría de la gente dice que no es bueno ver televisión, pero yo creo que usted debe verla con sus hijos y con su cónyuge. En la medida en que sus hijos y usted se hacen mayores, realmente verán la televisión con usted. Los programas que vean juntos se convertirán en recuerdos que los unirán espiritualmente. Para los niños tanto su propio dormitorio como el suyo puede ser un estupendo lugar para compartir. El ajetreo y el bullicio de nuestra época a veces no nos permite la interacción de toda la familia que quisiéramos. Hay un momento, sin embargo, que debe ser lo máximo para todos los niños y es el de irse a la cama. *Léales* antes de que se duerman. *Ore* con ellos y hágales orar por otros. Nada que usted haga puede ayudarlos más, a ellos y al crecimiento espiritual de su familia, que esta acción cotidiana. Ayudará que los niños comprendan intuitivamente que *un hogar es más que una casa*. Los ayudará a establecer su propio centro espiritual y a contribuir al desarrollo del centro espiritual del hogar. Los ayudará a crecer en un hogar y, del mismo modo, lo ayudará a usted. Según vaya formando un hogar, descubrirá que muchos niños, de vecinos y amigos, querrán estar cerca de usted; querrán participar y estar en el lugar que saben se ha construido sobre una roca. Comparta su casa, pero protéjala. Es algo frágil. Recuerde que las tormentas siempre vendrán. No deje que otros le traigan a su casa sus propias tormentas. Sea siempre hospitalario, pero proteja también el hogar que Dios le ha dado.

Así pues… vamos a comprar una casa… y a crear un hogar en el que usted morará con el favor de Dios… ¡PARA SIEMPRE!

2

¿Estoy listo para comprar y tener una casa?

¿Está listo para comprar una casa? ¿Está preparado para asumir la responsabilidad de tener una casa? Una diferencia fundamental entre alquilar y tener una casa es que, cuando usted tiene su casa, no hay propietario a quien llamar. Si hay que hacer reparaciones, mejoras y cambios ornamentales depende completamente de usted. Usted decide lo que pasa en su casa. Debe ser capaz de administrar su dinero y de tomar decisiones prudentes a la hora de invertir dinero en su casa. Debe estar dispuesto a tomar decisiones disciplinadamente, tanto en los preparativos para la compra de una casa como en la tarea de conservarla. Es muy importante que se tome el tiempo necesario para determinar si usted está *listo para comprar y tener una casa.* Para hacer eso, hágase estas preguntas fundamentales. Las respuestas pueden decirle que necesita más tiempo para ahorrar dinero, aprender a comprar una casa o decidir a qué vecindario mudarse.

- ¿Sé cuáles son mis gastos mensuales?
- ¿Cumpliré los requisitos para obtener una hipoteca?
- ¿Conozco cuáles son los costos de comprar y tener una casa?
- ¿Qué tipo de casa necesito? ¿Qué tipo de casa quiero?
- ¿Dónde quiero vivir?
- ¿Conozco el proceso de comprar una casa?

Estas preguntas están relacionadas entre sí, y puesto que su capacidad de responderlas tiene que ver con su *empleo,* sus *ahorros* y su *crédito,* deberá revisar todas estas variables y cómo se relacionan entre ellas para determinar si está en condiciones de comprar una casa. En esta sección del libro, tendrá oportunidad de estudiar cada pregunta en detalle. Una vez que haya respondido a estas preguntas por sí mismo, estará listo para trabajar con profesionales que puedan ayudarlo a lo largo del proceso de comprar una casa.

Debe comprender también los obstáculos que ha de enfrentar al comprar una casa. Aunque hay muchos, los principales suelen ser:

❏ *Falta de información.* Con mucha frecuencia, las personas que quieren adquirir su propia casa carecen de buena información acerca del proceso que conlleva esta compra. La falta de información impide que muchas familias que reúnen las condiciones necesarias para la adquisición, especialmente personas de bajos ingresos y pertenecientes a minorías étnicas, se conviertan en propietarios o que obtengan el financiamiento de menor costo al que tendrían derecho.

❏ *Aumento en los precios de la vivienda.* Los altos precios obligan a los que compran una casa por primera vez a aportar una mayor cantidad de dinero en efectivo, aceptar préstamos más grandes o transarse por una casa de inferior calidad de la que habrían elegido en otras circunstancias.

❏ *Carencia de historial de empleo.* Cuando no se tiene un empleo permanente, se tiene una serie de empleos de baja remuneración o se atraviesa por un período de desempleo.

❏ *Falta de ahorros.* Muchas personas que quieren comprar una casa no han ahorrado suficiente dinero para iniciar el proceso de convertirse en propietarios.

❏ *Deudas elevadas como consumidor.* Muchas personas han llegado al límite de préstamo en sus tarjetas de crédito. Algunas personas lo hacen porque no pueden controlar sus gastos. Otras lo hacen pensando que mejorarán su crédito; aunque un nivel demasiado alto de deudas reduce su calificación crediticia.

❏ *Problemas de crédito.* Algunas personas no están en situación de comprar una casa porque tienen problemas de crédito, tales como falta de historial de crédito, información inexacta sobre su crédito o un historial de crédito deficiente.

Este libro le ayudará a entender cómo salvar esos obstáculos para comprar y llegar a tener una casa. Pero antes de que empiece a leerlo hay unas cuantas cosas que debe recordar si quiere tener un comienzo exitoso:

❏ Lea el libro en su totalidad. No se entusiasme tanto que deje la lectura a medias, ni se salte algunas partes. Comprar una casa va a ser una de las compras más caras que usted hará en toda su vida; de aquí que disponer de más información, y repasar la que ya conozca, sea mejor que no tener ninguna información.

❏ No se sienta frustrado por algo que no logre entender. *¡Hay más ayuda!* Como dueño de este libro tendrá acceso a una parte especial de un sitio en Internet que le ofrecerá información, gráficas y tablas adicionales, así como explicaciones más detalladas sobre algunos asuntos tratados en el libro. Usted puede verlos en su computadora junto con otra información importante o puede descargarlos como documentos de Microsoft Word o de Adobe. Existen páginas que le ayudarán a entender las computaciones matemáticas con más claridad, permitiéndole interactuar con ellas.

   ¡Existe *aún más ayuda adicional!* Si después de visitar nuestro sitio en la Red desea obtener más ayuda, puede enviarnos un mensaje e intentaremos brindarle mayor asistencia.

   Usted está en camino de un gran comienzo, de la trayectoria que lo ayudará a convertirse en propietario. ¡Empecemos, pues, por conseguir esa casa!

¿Sé cuáles son mis gastos mensuales?

Para comprar una casa, necesita ahorros, un *ingreso* fijo, un buen informe de *crédito* y un historial de *empleo*. Abordaremos cada uno de estos aspectos por separado. Pero lo más importante, antes de comenzar a intentar comprarse una casa deberá saber cuáles son sus ingresos y gastos mensuales. De este modo sabrá cuánto puede gastar en una casa, o cómo debe cambiar sus gastos actuales. Es muy importante que en la compra de una casa sólo se gaste aquello que pueda costear.

❑ *Conozca su ingreso mensual.* ¿Cuánto dinero gana su familia por mes? En primer lugar debe saber cuál es su *ingreso neto* cuál es su *ingreso bruto.* El monto al que asciende su salario anual constituye su *ingreso bruto anual.* Al dividir la cantidad de su salario entre 12, obtendrá el monto de su *ingreso bruto mensual.* Su ingreso neto es lo que queda después de la retención de impuestos, la contribución al seguro social y otras deducciones. Si su cónyuge trabaja, calcule también a cuánto asciende su ingreso bruto y su ingreso neto.

❑ *Conozca sus gastos mensuales.* ¿A cuánto asciende cada mes el mantenimiento de su familia? Éstos son sus gastos. ¿Cuánto gasta en alquiler y servicios públicos (electricidad, gas, etc.)? ¿Cuánto cuesta comprar alimentos y otros suministros para la casa? ¿Cuánto gasta su familia en ir a trabajar y a la escuela? ¿Cuánto se gasta en el cuidado de sus hijos? ¿Cuánto dinero necesita para ropa y uniformes? ¿Cuánto gasta en seguro médico, medicinas o atención médica? ¿Tiene pagos mensuales de automóviles? ¿Tiene pagos de seguros de automóvil? ¿Tiene alguna otra responsabilidad financiera, tale como deudas o pagos por el cuidado de padres o parientes ancianos?

Algunas cuentas llegan cada dos meses, otras, una o dos veces al año. No se olvide de contar éstas también. Si usted paga una cuenta una vez al año, divida esa cifra entre 12 y así sabrá cuánto dinero deberá reservar todos los meses para esa obligación. Si las cuentas llegan unas cuantas veces al año, sume la cantidad total de dólares y divídala entre 12 para obtener el monto de su gasto mensual.

Comience por mantener un registro de todo el dinero que gasta su familia a lo largo de unos cuantos meses, y no tardará en entender cuáles son sus responsabilidades económicas. También se dará cuenta dónde su familia puede administrar el dinero más cuidadosamente al reducir o cambiar ciertos costos.

Use esta Lista de gastos domésticos para apuntar y controlar sus gastos mensuales. Esta lista también se encuentra en el capítulo 8. También puede obtenerla por Internet en el sitio www.esperanza.us. Simplemente haga *clic* en la cubierta del libro y podrá descargar e imprimir tantas como necesite. También encontrará una versión interactiva de muchos de los documentos que necesitará. Estas páginas interactivas harán gran parte de sus cómputos matemáticos.

¿Estaré apto para una hipoteca?

Una *hipoteca* es un préstamo de un banco o de una compañía hipotecaria que se usa para comprar una casa. Usted reembolsa el préstamo a lo largo del tiempo. También le paga al prestador un porcentaje del préstamo, llamado *interés,* por el uso del dinero.

Al otorgarle una hipoteca, un banco o una compañía hipotecaria está invirtiendo en usted. De manera que ante todo, usted debe probar que resulta una buena inversión. Deberá probarle al banco o a la compañía hipotecaria que puede ser una persona fiable y que tendrá la capacidad de pagar el préstamo. Debe probarle a la entidad crediticia o al prestador que tiene una fuente de ingresos estable y que ha ahorrado suficiente dinero para asumir parte de la compra (el pago inicial) y para hacer el pago mensual de la hipoteca. El banco o la compañía hipotecaria también deberán saber cualesquier deudas que usted tenga, cualquier cantidad de dinero que haya debido y reembolsado en el pasado, si cumplió con todos los pagos, si los ha hecho todos a tiempo y cuánto dinero ha logrado a ahorrar.

Lista de gastos domésticos

Instrucciones: Incluya el estimado de sus gastos mensuales en la primera columna.

Gastos mensuales	Pago
VIVIENDA	
Alquiler	
Primera hipoteca	
Segunda hipoteca	
Cuotas de asociación	
Impuestos sobre la propiedad	
Alquiler del terreno	
Mantenimiento del hogar	
AUTOMÓVIL	
Gasolina	
Mantenimiento: aceite/lubricante neumáticos	
Identificaciones del auto/inspección	
COMIDA	
Víveres	
Comidas fuera de casa	
Almuerzos escolares	
Comida/Meriendas en el trabajo	
SERVICIOS PÚBLICOS	
Electricidad/gas/petróleo/propano	
Agua / desague de aguas negras / basura	
Teléfono fijo / celular / *beeper*	
TV por cable / Internet	

(Continúa en la página siguiente)

Lista de gastos domésticos (continuación)	
Gastos mensuales	**Pago**
SEGUROS	
De automóvil	
Médico	
De vida	
De inquilinos o de propietarios	
ATENCIÓN MÉDICA	
Medicinas / tratamiento	
Consultas médicas / deducible	
Dental	
Óptica	
CUIDADO INFANTIL	
Guardería infantil / niñera	
Dinero de bolsillo / cosas para los niños	
Pañales / fórmula / artículos para bebés	
Manutención infantil	
PAGOS A PLAZOS	
Pagos de automóvil	
Préstamos estudiantiles	
Impuestos periódicos: estatales / federales	
Otros pagos a plazos	
DONACIONES DE BENEFICENCIA	
Iglesia / instituciones benéficas	
EDUCACIÓN	
Escuela: matrícula / materiales	

(Continúa en la página siguiente)

Lista de gastos domésticos (continuación)	
Gastos mensuales	**Pago**
ENTRETENIMIENTO	
Libros / periódicos / revistas	
Cine / eventos deportivos / diversiones	
Regalos / fiestas / días feriados / tarjetas	
Vacaciones / viajes	
Bebidas alcohólicas	
Cigarrillos / tabaco	
Pasatiempos / clubes	
Lotería / casinos / bingo	
MISCELÁNEAS	
Herramientas de trabajo / ropas / gastos ocupacionales	
Tintorería / lavandería	
Materiales de limpieza para la casa	
Pasajes de autobús / pasajes en auto compartidos / estacionamiento	
Aseo personal: champú / crema dental, etc.	
Cargos por servicios bancarios / gastos de correo	
Cuidado de animales domésticos / veterinario / comida / medicinas	
Mantenimiento del césped / de la piscina / seguridad del hogar	
Ahorros / dinero en reserva	
SUBTOTAL	
SERVICIOS POR ADEUDOS	
OTROS	
PAGOS ATRASADOS Y RECARGOS	
TOTAL DE GASTOS	

Tómese el tiempo de mirar a su familia de la manera en que un banco o una compañía hipotecaria lo haría. ¿Es usted una buena inversión?

- ❑ ¿Tiene usted un ingreso estable?
- ❑ ¿Cuánto gasta mensualmente en pagar sus deudas? ¿Cuándo terminará de pagar sus deudas? ¿Tiene un plan para pagar sus deudas?
- ❑ ¿Reserva algún dinero? Estos son sus ahorros. ¿Guarda dinero para emergencias y compras importantes? ¿Tiene otros ahorros? Por ejemplo, ¿tiene dinero ahorrado para la jubilación o para la universidad de sus hijos?

Conozca su historial de crédito

¿Puede probarle a una entidad crediticia que usted puede pagar su hipoteca? ¿Tiene un buen historial de cumplimiento de sus obligaciones financieras? Usted puede llegar a tener una idea de su historial de crédito haciendo tres listas:

Primero, haga una lista de las deudas que ha pagado y de las deudas que tiene en la actualidad. Esa lista debe incluir préstamos de automóviles, otros préstamos de cualquier tipo y deudas de tarjetas de crédito.

Luego, acuérdese de otras obligaciones financieras, actuales o pasadas: alquiler, servicios públicos, teléfono. Haga una lista de estas responsabilidades. Incluso si usted le paga el alquiler a un padre o a algún otro miembro de la familia, póngalo en la lista.

Finalmente, en otra lista, ponga por escrito cualesquiera cuentas o deudas que haya tenido dificultades en pagar, ya sea ahora o en el pasado. Los prestadores querrán ver esa lista. Si hay demasiadas partidas en la primera o la tercera lista (deudas actuales y problemas pasados y presentes), puede tener dificultades en obtener un préstamo. Sin importar donde comience: usted puede reparar cualquier problema y comprar una casa.

Conozca su historial de empleo

¿Puede probar que ha tenido un empleo fijo durante por lo menos dos años? Si ha tenido su empleo actual por menos de dos años, haga una lista de los empleos que tuvo antes. Comience con el empleo que tiene en la actualidad y termine con el primero que tuvo. Ponga por escrito las fechas en que comenzó y terminó cada empleo y el salario que devengaba en él.

¿Entiendo los costos de comprar y tener una casa?

Ahora es tiempo de pensar en los costos de comprar y tener una casa. En esta sección, aprenderá a calcular el monto que puede dedicar a pagar por una casa y acerca de los costos de comprar y tener una casa. Y lo más importante, aprenderá a comprar algo que pueda costear.

Los prestadores o entidades crediticias se arriesgan cuando prestan dinero. Es por esto que quieren estar seguros de que el pago de su casa está al alcance de sus posibilidades. En otras palabras, quieren cerciorarse de que usted contará con los recursos para afrontar sus pagos.

Por consiguiente, las entidades crediticias establecen límites. Limitan la cantidad que los prestatarios pueden tener en pagos mensuales de deudas. Estos límites se llaman *relación (o proporción) de la vivienda,* o de los gastos que se destinan al pago de la casa y los *ingresos brutos* (lo que también se llama en inglés *the front-end ratio*), y la *relación entre deudas e ingresos* (conocido también en inglés como *back-end ratio*). No se preocupe acerca de los detalles específicos de estas proporciones ahora mismo. Por el momento, todo lo que necesita entender es que los préstamos hipotecarios se basan en estas relaciones y que para cada tipo de préstamo se utilizan diferentes porcentajes para calcular el monto del préstamo que usted puede costear. Tenga presente que una deuda muy alta reducirá la cantidad de dinero de que usted dispondrá para pagar el préstamo. Cuantos más pagos de deudas mensuales tenga, tanto menor será la cantidad que puede dedicar a la compra de su casa.

Una proporción estándar de carácter general para calcular una deuda hipotecaria es el 28 por ciento de sus ingresos, aunque ocasionalmente se permite que sea un poquito más elevada. Tomemos el tradicional 28 por ciento de sus ingresos e intentemos calcular el máximo gasto permisible en vivienda. Utilizando este porcentaje, hallará la cantidad que lo pone a usted en el mínimo de riesgo de gastar más de lo que puede costear. Recuerde que puede encontrar un modelo de esta ecuación en www.esperanza.us sin cargo alguno para usted.

Ingreso bruto mensual $

× 28 por ciento   .28

= cantidad máxima que puede gastar $ _____
   mensualmente en su casa

La compra de la casa

Usted tendrá que hacer un *pago inicial (down payment)* por la casa. Tendrá que hacer la mayor parte de este pago *de sus propios fondos*. Puede incluir regalos de otras personas en efectivo como parte del pago inicial, pero tendrá que probar de donde provienen los fondos. El pago inicial no forma parte del préstamo hipotecario. Este pago es parte del precio de *venta total* de la casa. La compañía hipotecaria o el banco le prestará la cantidad restante. Cuanto mayor sea el pago inicial que usted pueda hacer, tanto menor será el préstamo que necesitará. Un préstamo menor significa pagos mensuales más pequeños.

La cantidad del pago inicial depende de muchos factores, tales como cualquier programa del cual pueda beneficiarse. Pero es de esperar que pague entre el *2,5 y el 20* por ciento del precio de la casa. Hay raras excepciones a esta regla y es posible que usted pueda obtener un préstamo con un cero por ciento de pago inicial.

Al comprar la casa y hacer el cierre, tendrá que pagar ciertos costos, llamados *costos de cierre*. Estos costos se añadirán al precio de la casa.

El monto de los costos de cierre variará en dependencia del lugar donde viva. Un consejero de vivienda, un funcionario de préstamos, un agente de bienes raíces, o un banco o compañía hipotecaria le dirá los costos de cierre que le esperan. (Más adelante le explicaremos quiénes son estas personas y cómo le ayudarán a comprar una casa). Pregúntele a su consejero de vivienda si existen programas especiales que ayuden a los compradores con los costos de cierre.

La posesión de la casa

Una vez haya hecho el pago inicial y saldado los costos de cierre, tendrá que hacer pagos mensuales para amortizar el préstamo hipotecario. Cada vez que hace un pago de la hipoteca, parte del pago se aplica al *capital* (el monto del préstamo) y parte al *interés* (el dinero que la entidad crediticia cobra por el préstamo). No debe dejar de hacer ningún pago de la hipoteca.

Como usted tal vez sabe, el costo de su casa es más que el pago de la hipoteca mensual. Debe pagar también *impuestos locales sobre la propiedad* y *el seguro del propietario*. Con mucha frecuencia, estos costos se incluyen en el pago mensual de la hipoteca, y la entidad crediticia se hace responsable de que se paguen los impuestos y el seguro. Si los impuestos y el seguro no forman parte del pago de la hipoteca, usted debe planificar y ahorrar para pagarlos en la fecha debida. Es cierto también que la cantidad que usted paga por impuestos y seguro cambiará a lo largo del tiempo. La entidad crediticia también puede exigir que usted tenga un *seguro hipotecario*. El seguro hipotecario privado (PMI, por su sigla en inglés) es un seguro adicional que las entidades crediticias exigen a la mayoría de los compradores de viviendas que obtienen préstamos que exceden al 80 por ciento del valor de su nueva casa. En otras palabras, a los compradores con un pago inicial menos del 20 por ciento normalmente se les exige que compren un PMI.

LOS BENEFICIOS DEL PMI El PMI desempeña un papel importante en la industria hipotecaria ya que protege a la entidad crediticia de pérdidas si un prestatario incumple el pago de un préstamo y capacita a los prestatarios que disponen de menos efectivo a tener mayor acceso a la propiedad de una casa. Con este tipo de seguro, es posible comprar una casa con un pago inicial tan módico como del tres al cinco por ciento. Esto significa que usted puede comprar una vivienda sin tener que esperar años para acumular lo suficiente para un pago inicial mayor.

Para las hipotecas inmobiliarias suscritas *a partir del* 29 de julio de 1999, con ciertas excepciones, su PMI debe terminar automáticamente cuando usted alcance el 22 por ciento del capital acumulado en la propiedad *(equity)* de su casa, en base al valor original de la propiedad, si sus pagos hipotecarios están al día. Su PMI también puede ser cancelado.

Una excepción es si su préstamo es considerado de "alto riesgo". Otra es si no ha estado al día en sus pagos en el año que antecede al tiempo de la cancelación. Una tercera es si usted tiene otros gravámenes en su propiedad. Para estos préstamos, su PMI puede continuar. Diríjase a su entidad crediticia o a su servidor hipotecario (una compañía de cobranzas) para obtener más información acerca de estos requisitos.

En un préstamo de $100.000 (cien mil dólares) con un pago inicial de un 10 por ciento ($10.000), el PMI podría costarle $40 al mes. Si usted puede cancelar el PMI, puede ahorrarse $480 al año y muchos miles de dólares sobre el préstamo. Verifique el estado de su cuenta de garantía *(escrow account)* o llame a su entidad crediticia para determinar cuánto le cuesta su PMI al año.

Cuando usted tiene su propia casa, tiene libertad, estabilidad y seguridad, pero también tiene responsabilidades. Es usted quien paga por los servicios públicos, las reparaciones y el mantenimiento. Aun si usted y su familia poseen las habilidades para hacer las reparaciones y los trabajos de mantenimiento, tendrá que pagar por los materiales. Tendrá que comprar equipos electrodomésticos (refrigerador, horno, fogón, calentador de agua, lavadora y secadora) o reemplazarlos con el tiempo.

En el primer año de tener una casa, gastará al menos entre *$200 y $2,000* o más en materiales, servicios y mejoras. Luego del primer año, puede esperar a gastar cada año del *1 al tres por ciento del valor de la casa* en mantenerla.

Debe ahorrar del dos al cinco por ciento de su ingreso mensual para el mantenimiento y las reparaciones de emergencia.

Sepa lo que puede gastar

Comience el proceso de comprar una casa por estar muy seguro de la cantidad que puede dedicar al pago mensual de una hipoteca. Si mantiene esta cantidad en mente mientras busca casas y se entrevista con los prestadores, evitará comprometerse con una deuda mayor de lo que usted pueda pagar. Compre dentro de los medios a su alcance. Al comprar dentro de sus medios, estará seguro de contar con dinero suficiente para afrontar todas sus responsabilidades financieras, hacer sus pagos mensuales de la hipoteca y mantener su casa.

¿Qué tipo de casa necesito? ¿Qué tipo de casa deseo?

Hay muchos tipos de casas. Échele un vistazo a la lista de tipos de casa y considere cuál de ellas se ajusta a sus necesidades.

TIPOS DE ESTRUCTURAS Una casa puede ser de muchas formas. Puede ser vieja, puede construirse conforme a sus especificaciones; puede ser pequeña o grande, alta o baja. Puede estar separada de otros edificios o unida a ellos. He aquí algunas estructuras comunes:

Casa individual o unifamiliar (single) Una casa individual está separada de las demás y se encuentra en su propio terreno. Las casas individuales se presentan en muchos estilos y tamaños, tanto viejas como nuevas. Las casas individuales exigen el mantenimiento de los muros exteriores y del techo. El terreno en torno a la casa puede ser tan pequeño como de una yarda por el frente y por el fondo o tan grande como de varios acres.

Por ejemplo, una casa *rancho* es un estilo de casa individual de un solo nivel. Una casa rancho puede tener un sótano completo o parcial. Por lo general, tiene un garaje anexo al lado de la casa. La ventaja principal es la conveniencia de no tener gradas o escaleras.

Casa individual (dos plantas)

Casa individual (rancho)

Una *casa rodante o móvil* es también una casa individual. Estas casas de un solo piso están usualmente construidas sobre armazones de acero con ruedas; la casa es transportada hasta un terreno propio o alquilado. El propietario puede hacerle mejoras y adiciones. Cuando dos casas se unen longitudinalmente, se le llama una doble

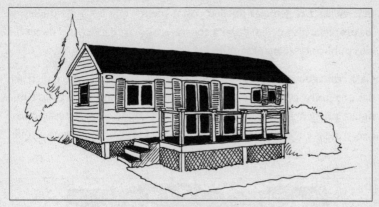

Casa móvil

ancho. Aunque limitadas en su tamaño, las casas rodantes o móviles son más baratas.

Gemela (o "semiindividual") Esta casa comparte una pared lateral con otra casa. Usualmente ambas casas son iguales, como si una fuera el reflejo de la otra. Las casas gemelas o semiindividuales suelen ser

Gemela (o semiindividual)

más viejas. Las gemelas pueden costar menos que las individuales, y los propietarios pueden llegar a ahorrar un poco en los costos de servicios públicos y de mantenimiento.

Casa contigua (townhouse o "casa en hilera") Varias casas construidas una junto a otra y conectadas por paredes comunes. Las casas contiguas pueden ser viejas o nuevas, y van desde las primeras casas construidas en las primeras ciudades de Estados Unidos a las casas que

Casa contigua (townhouse)

Unidad múltiple

Dúplex

Tríplex

actualmente se construyen en los suburbios. Estas casas son fáciles de mantener porque tienen pequeñas cantidades de terreno en torno a ellas y pocas paredes expuestas a la intemperie.

Unidad múltiple (o "multifamiliar") Se trata de estructuras (o casas individuales) que se construyen o se convierten para contener dos o más unidades. Por ejemplo:

- *Dúplex.* Una sola estructura que contiene dos unidades de vivienda.

Cuádruplex

- *Tríplex.* Una sola estructura que contiene tres unidades de vivienda.
- *Cuádruplex.* Una sola estructura que contiene cuatro unidades de vivienda.

Algunos propietarios compran la estructura completa, viven en una unidad y luego alquilan las otras para cubrir los costos de la hipoteca y aumentar sus ingresos.

OTRAS MANERAS DE TENER UNA CASA Los términos "condominio" y "cooperativa" *(co-op)* se refieren al convenio para la posesión de una vivienda, no a una estructura específica.

Condominio ("Condo") Los individuos compran y adquieren unidades de vivienda en un complejo de unidades múltiples. Los propietarios comparten la responsabilidad financiera (usualmente una cuota mensual) para el mantenimiento de las áreas comunes y de esparcimiento. La asociación de propietarios tiene regulaciones acerca del mantenimiento y el mejoramiento de las unidades. Los complejos de condominios pueden ir desde unidades de apartamentos hasta *townhouses* e incluso casas individuales.

Cooperativas ("Co-op") Los residentes compran acciones en una corporación cooperativa que posee un edificio o un complejo de unidades múltiples. Cada accionista tiene derecho a vivir en una unidad específica y es responsable de pagar una cuota de mantenimiento, que ayuda a cubrir los gastos de administración del edificio, además de los pagos de la hipoteca y los impuestos sobre la propiedad. Al igual que los condominios, los complejos de cooperativas varían desde unidades de apartamentos hasta casas contiguas e incluso casas individuales.

Sepa qué tipo de casa necesita y puede mantener

Decida que tipo de casa necesita y puede mantener mediante estas preguntas:

- ❏ ¿Cuántos miembros de la familia vivirán en su casa? ¿Qué clase de espacio necesitarán?
- ❏ ¿Qué tipo de espacio exterior y de edificios exteriores necesita? (Por ejemplo, ¿necesita espacio para un negocio o para un huerto o para algunos animales?)
- ❏ ¿Puede hacer el trabajo de mantenimiento en el exterior de la casa y la propiedad que la rodea? ¿Cuenta usted con el tiempo, la energía y las destrezas?

Usted también debe decidir cuánto trabajo puede hacer, o quiere hacer, a fin de que la casa resulte habitable. ¿Desea poder mudarse inmediatamente? ¿Está dispuesto a comprar una casa que necesite algunas reparaciones? ¿Dispone del tiempo y las habilidades para renovar una casa que necesita mucho trabajo? ¿Sabe lo suficiente de edificios y materiales para supervisar a carpinteros, plomeros, pintores y techadores?

Lo más probable es que una casa que esté en buen estado le cueste más que una que necesite reparación. Una casa que necesita mucho trabajo—renovación—puede resultar una verdadera ganga para alguien que sepa cómo hacer el trabajo (y que tenga el tiempo para hacerlo) o que pueda supervisar un proyecto de renovación.

¿Quiere comprar una casa vieja o una nueva? Una casa nueva probablemente tendrá un diseño y una distribución más moderna, y podría resultar más eficiente en el consumo de energía y más fácil de mantener. Los impuestos pueden ser más altos y puede quedar más lejos de los lugares que usted suele frecuentar. Una casa más vieja puede estar en un vecindario más establecido, cerca al transporte público, y los impuestos sobre la propiedad pueden ser más bajos. Pero una casa más vieja con frecuencia exige reparaciones y mantenimiento.

Es posible que construir una casa pueda ser una opción para usted, especialmente si vive en una zona del país donde hay terrenos a precios accesibles, ya sea en zonas rurales o urbanas. Usted puede comprar los planos y trabajar con un constructor respetable para crear una casa que responda a sus necesidades. Existen también conjuntos prefabricados y casas modulares para propietarios de bajos y medianos ingresos. Para adquirir información sobre préstamos otorgados por el Servicio de Viviendas Rurales (*Rural Housing Service*) para la construcción de casas véase la página 69 en el capítulo 4. Hay también más información sobre la construcción de viviendas en el capítulo 5.

Piense bien en el tipo de casa que se ajustará a las necesidades de usted y su familia. Válgase de la lista que aparece a continuación para decidir los elementos que debe tener su casa. Haga otra lista de las características que le gustaría que tuviera. Estas listas las usará cuando empiece a mirar casas. Puede descargar estas listas de verificación de la Internet en www.esperanza.us y encontrarlas también en el capítulo 8.

¿Dónde quiere vivir?

Es muy importante decidir dónde quiere vivir. Debe pensar en la calidad de su vida y en la solidez de su inversión. Tenga en cuenta el acceso al trabajo, a la escuela, a la guardería infantil y a la atención mé-

Lista de verificación para comprar una casa

1. ¿En qué parte de la ciudad (o del condado) quiere vivir?
_____

2. ¿Qué margen de precio puede permitirse? _____

3. ¿Debe entrar a considerar las escuelas?   Sí _____   No _____
Necesidades específicas: _____

4. ¿Quiere una casa nueva (de menos de cinco años de construida) o una casa más vieja? _____

5. ¿Qué tipos de casas está dispuesto a considerar?
Individual _____   Gemela _____   Dúplex _____   Tríplex _____
Cuádruplex _____   Rodante _____   De una planta _____
De dos o más plantas _____

6. ¿Qué clase de convenios de compra está dispuesto a considerar?
Condo _____   Co-op _____   Arriendo-compra _____

7. ¿Cuánta renovación está en disposición y en capacidad de hacer?
Poca _____   Mucha _____   Ninguna _____

8. ¿Necesita estar cerca del transporte público? _____

9. ¿Tiene alguna necesidad especial de acceso? _____

10. ¿Qué necesita o desea en una propiedad?

	NECESITO	ME GUSTARÍA
Un lote grande (de medio acre o mayor)	_____	_____
Un lote pequeño (de menos de medio acre)	_____	_____
Patio cercado	_____	_____
Garaje	_____	_____
Cobertizo para autos	_____	_____
Patio/terraza	_____	_____
Otros edificios	_____	_____

11. ¿Cuántos dormitorios necesita? _____

12. ¿Cuántos baños quiere? _____

13. ¿De qué tamaño es la casa que necesita (en pies cuadrados)?
_____

14. Qué características especiales requiere (por ejemplo, un apartamento de visita para la suegra, desván, o instalaciones para animales)? _____

dica. Debe considerar también las casas que se encuentran disponibles en la comunidad.

Estas preguntas le ayudarán a pensar sobre el lugar en que se comprará una casa:

❑ ¿Necesita su familia tener acceso al transporte público? ¿Necesita estar cerca de escuelas, de centros comerciales y de la iglesia? ¿Debe poder ir a estos lugares caminando o en transporte público?

❑ ¿Cómo llegarán al trabajo usted y los miembros de su familia? ¿Queda el vecindario muy lejos del trabajo? ¿Cuánto tiempo dedicará en ir al trabajo y en volver?

❑ ¿Es importante que su familia esté cerca de un hospital o una clínica? ¿Cómo llegaría allí desde su casa?

❑ ¿Qué vecindad o comunidad le parece apropiada para usted y su familia? ¿Se sentiría acogido en ella? ¿Parecen las personas de la comunidad compartir sus valores e intereses? ¿Hay lugares donde sus hijos u otros miembros de la familia puedan participar en actividades que sean importantes para ellos? ¿Tiene familiares o amigos en la vecindad?

❑ ¿Quiere ayudar a construir un vecindario en desarrollo? Una casa que puede estar fuera de su alcance en un determinado vecindario o comunidad, puede no estarlo en otro.

Haga una lista de lo que necesita y a lo que aspira en una comunidad.

3

¿Cómo inicio el proceso de comprar una casa?

Tómese el tiempo para prepararse a comprar una casa. Aprenda el proceso de la compra de una casa y sepa qué esperar.

Aprenda el proceso

Aprenda qué debe hacer para comprar una casa. Conozca los pasos a seguir para convertirse en propietorio de una casa.

- Aprenda el proceso de comprar una casa.
- Conozca a los profesionales que pueden ayudarle en todos los pasos a dar.
- Administre su dinero.
- Repare y establezca su crédito.
- Determine cuánto puede gastar en una casa.
- Instrúyase acerca de las hipotecas.
- Evite los préstamos predatorios.
- Obtenga una aprobación previa para una hipoteca.
- Obtenga un préstamo.
- Encuentre a un agente de bienes raíces y salga en busca de una casa.
- Entre en un convenio de venta.
- Haga el cierre.

• Prepare un nuevo presupuesto y ajústese a él.
• Mantenga su casa en buen estado.

Este libro explica cada paso a seguir en la compra de una casa. Describe también a los profesionales que lo ayudarán en el proceso. Busque los cuadros titulados "Su equipo para comprar una casa" según avance en la lectura de este libro. Le explicarán quiénes son esas personas y de qué modo, como parte del equipo de su compra de la casa, trabajarán juntos para hacer que su sueño se haga realidad.

Aprenda el proceso de comprar una casa

Comenzamos por aprender lo que es el proceso mismo. Usted ya ha comenzado por comprar este libro. No permita que algunas palabras raras o una experiencia desconocida le impidan realizar su sueño. Comprar una casa es como comprar cualquier otra cosa: usted tiene que saber lo que quiere, lo que necesita y lo que puede pagar. En un sentido es semejante a la compra de un auto: existe lo que queremos y lo que podemos costear. Y al igual que en la compra de un auto, puede haber trampas que deben evitarse. A diferencia de la compra de un auto, podemos contar y de hecho contamos con un equipo de profesionales dispuestos a ayudarnos. Usted puede aprender a ser precavido y a protegerse en la compra de una casa.

❑ Lea este libro. Luego, según inicie cada paso en la compra de una casa, relea la sección del libro que describe ese paso.

❑ Busque la ayuda de un *consejero de vivienda titulado*. Un consejero de vivienda es alguien con un adiestramiento especial en el proceso de compra de una casa. Un consejero de vivienda titulado lo preparará para convertirse en propietario, proporcionándole una instrucción que lo ayudará a comprender las responsabilidades que implica comprar y ser dueño de una casa. Los consejeros de vivienda titulados ofrecen *clases de instrucción a los compradores de casas* en su comunidad. Usted puede encontrar esas clases dirigiéndose a la oficina del ayuntamiento o municipio de su localidad o a la oficina de Vivienda y Desarrollo Urbano (HUD por su sigla en inglés). Llame al 1-800-569-4287 o visite el www.hud.gov. Un consejero de vivienda, a veces llamado un consejero de hipoteca, puede ser de valiosísima ayuda. Si sus ingresos son de bajos a moderados, sus servicios pueden incluso ser gratuitos. Él o ella puede orientarlo a través de cada paso en este proceso de la compra de una casa. Intente encontrar uno tan pronto como esté seguro de que va a comprar una casa. La HUD también ofrece un documento de 24 páginas llamado *100 Questions & Answers About Buying a New Home (Cien preguntas y respuestas sobre la compra de una casa)* en http://www.hud.gov/offices/hsg/sfh/buying/buyhm.cfm.

❏ Además de trabajar con un consejero de vivienda, vaya a su *biblioteca local* y pídale al bibliotecario que le ayude a encontrar libros y otros materiales acerca del proceso de comprar una casa.

❏ Acostúmbrese a leer sobre bienes raíces en su *periódico local.* Usted puede enterarse de los precios de las casas en la comunidad donde quiere comprar una casa. También puede encontrar información actualizada sobre hipotecas en su región. Esta información le ayudará a fijar sus objetivos financieros.

Ahora aprendamos acerca de los documentos, la finanzas y las personas que forman parte del proceso de comprar una casa. Después de leer esta sección del libro, estará listo para:

• Aprender más acerca del equipo que le ayudará a comprar su casa.
• Comenzar a aprender acerca de hipotecas.
• Fijar metas y administrar su dinero.
• Conocer su historial de crédito.
• Conservar su empleo.
• Comenzar a reunir los documentos financieros que necesitará para solicitar un préstamo.

Conozca a los profesionales que pueden ayudarlo a comenzar

Dos profesionales son muy importantes en las primeras etapas del proceso de comprar una casa: *un consejero de viviendas titulado* y *un agente de bienes raíces autorizado.*

Fíjese metas y administre su dinero

Si usted toma en serio la compra de una casa, debe administrar cuidadosamente su dinero.

Su equipo para la compra de una casa

Un consejero de vivienda titulado (llamado también asesor de vivienda o consejero de hipotecas) le ofrece instrucción y asesoría gratuitas acerca de la compra y mantenimiento de una casa. Él o ella puede:

- Explicarle el proceso de compra de una casa.
- Explicarle sus derechos y responsabilidades como comprador.
- Ayudarle a determinar el monto de la hipoteca que usted puede pagar, basado en sus ingresos y sus deudas.
- Asesorarle respecto a los acuerdos de ventas y los documentos del préstamo.
- Ayudarle a establecer su crédito o a resolver los problemas de crédito.
- Ayudarle a evitar las entidades crediticias predatorias.
- Asesorarle y asistirle durante el proceso, desde encontrar una hipoteca hasta la inspección de la casa.
- Informarle de programas especiales de los cuales puede beneficiarse.
- Explicarle cómo administrar su casa y sus finanzas después de la compra.

(Continúa en la página siguiente)

Dónde encontrar un consejero de vivienda titulado:

Para encontrar un consejero de vivienda titulado en su zona, diríjase a la oficina de Vivienda y Desarrollo Urbano (HUD) llamando al 1-800-569-4287 o visite la página www.hud.gov.

Un Agente de bienes raíces autorizado:

Es muy importante elegir a un *agente de bienes raíces autorizado*. Esta persona debe ser alguien en que usted confíe y a quien respete como un profesional bien informado. Un agente de bienes raíces:

- Busca las casas que están disponibles dentro de sus límites de precio.
- Lo lleva a ver casas.
- Le proporciona información detallada acerca de cada propiedad: tipo, tamaño, impuestos.
- Le ayuda a preparar una oferta de compra.
- Se ocupa de hacer los trámites para concluir la venta.

En el capítulo 5 de este libro aprenderá más acerca de los agentes de bienes raíces.

Comience ahorrando

Comience a separar dinero para un pago inicial y los costos de cierre. Fíjese una determinada cantidad como meta y calcule cuánto tiempo le llevará alcanzarla.

Un modo de ahorrar dinero es pagándose usted mismo antes que nada. Intente reservar al menos del cinco al diez por ciento del dinero que se lleva a su casa en cada pago. Existen muchos maneras de ahorrar dinero y de hacer que ese dinero le genere aún más dinero. Contemple una, algunas o todas estos tipos de cuentas.

Cuenta de ahorros regular. Una cuenta que un cliente mantiene en un banco. Una cuenta de ahorros regular es una cuenta de depósito a interés que es perfecta para individuos o familias. Su flexibilidad y conveniencia la convierte en un magnífico lugar para guardar una porción de sus fondos.

Cuenta club. Una cuenta de ahorros dedicada a un fin específico, tal como compras de Navidad, o el costo de las vacaciones, y se basa en depósitos semanales o quincenales de una cantidad fija.

Certificado de depósito (CD). Una cuenta de ahorros que gana interés en la cual los fondos deben permanecer en depósito durante un tiempo específico, las extracciones antes de la fecha de vencimiento da lugar a multas de interés. Los CD suelen ofrecer una tasa de interés más alta que la mayoría de las inversiones comparables. También se les conoce como un *depósito a plazo fijo*.

Cuenta de mercado de valores. Una cuenta de ahorros que ofrecen los bancos y que paga tasas de interés variables mientras el saldo no descienda por debajo de un mínimo predeterminado.

Cuenta de ahorro equiparado. Un ejemplo es la Cuenta de Desarrollo Individual (IDA por su sigla en inglés). En una cuenta de ahorro equiparado, una organización, tal como una fundación, una corporación o una entidad gubernamental, conviene en añadir una cantidad específica que iguala al dinero que usted deposita en su cuenta.

Todo el mundo en su familia puede contribuir a los ahorros. Fije metas familiares de manera que todos puedan ayudar a ahorrar y a participar en la compra de la casa.

Cree un plan de gastos y ajústese a él

Es importante controlar sus gastos diarios. El modo de controlar sus gastos diarios es con un *presupuesto*. Un presupuesto es un plan sobre la manera en que gastará su dinero. Haga un presupuesto poniendo por escrito cada cosa en la que gasta su dinero. Luego revise cuidadosamente la lista. ¿Qué puede eliminar? Cerciórese de que usted y su familia entiendan la diferencia entre lo que quieren (lo que usted querría tener o hacer) y las necesidades (lo que debe tener o hacer). Ajuste los gastos a las necesidades. Reduzca los anhelos a un mínimo.

Luego, manténgase al tanto de los gastos de su familia. Registre todas las compras y facturas. ¿Está ciñéndose al plan? ¿Es realista? ¿Puede reducir más gastos? Por ejemplo:

- Contemple la posibilidad de hacer una liquidación doméstica.
- Contemple la posibilidad de vender un automóvil.
- Verifique las tasas de interés sobre las tarjetas de crédito e intente negociar una tasa más baja.
- Contemple la posibilidad de tomar un empleo jornada parcial o de temporada.

También puede reducir sus gastos. He aquí algunas sugerencias:

- ❑ Compre sólo lo que necesite.
- ❑ Haga una lista antes de ir a comprar víveres y otros artículos y aténgase a ella.
- ❑ Utilice cupones, (pero no compre un artículo tan sólo porque tiene un cupón).
- ❑ Siempre trate de pagar en efectivo. No use tarjetas de crédito.
- ❑ Evite los cargos de los cajeros automáticos (ATM por su sigla en inglés). Extraiga dinero de los ATM de su banco, no en ninguna otra parte. Busque otros cajeros automáticos gratuitos para no tener que pagar costos por extraer su propio dinero. No utilice su tarjeta de ATM para hacer compras si hay cargos adicionales al uso de su tarjeta. Los cargos del ATM pueden ser muy elevados en relación a la cantidad de dinero de la transacción.
- ❑ Coma en casa. Lléves su almuerzo (o desayuno o cena) al trabajo.
- ❑ Aprenda a hacer comidas sencillas y nutritivas con ingredientes frescos en lugar de comprar alimentos preparados en el mercado.
- ❑ Busque las rebajas y las gangas de fin de temporada para comprar los artículos que necesite. Compare precios. Busque los artículos que necesita en las tiendas de descuento, tiendas de segunda mano y rastros o mercados de pulgas.

❑ Utilice el transporte público o comparta un vehículo con alguien.

❑ Compre un auto de segunda mano en lugar de un auto nuevo con pagos mensuales elevados (pero cerciórese de que el auto usado está en buenas condiciones de manera que no tenga que gastar dinero en reparaciones caras).

❑ Cancele o evite cualquier servicio adicional, tal como la Televisión por cable. Use un teléfono celular o un localizador (*pager*) sólo si lo necesita para el trabajo o en caso de emergencia.

❑ Evite las casas de cambio, las casas de empeño y las tiendas de ventas a plazos. Todos estos negocios cobran tarifas e intereses muy elevados. Abra una cuenta corriente (*checking account*). Deposite los cheques de su salario en la cuenta y use sus propios cheques en lugar de giros postales (*money orders*) para pagar sus cuentas.

Pague todas sus cuentas a tiempo

Su buena costumbre de controlar gastos es muy importante. Debe cerciorarse también de que una entidad crediticia sepa que usted pagará su préstamo con puntualidad. Su buena costumbre de pagar las cuentas a tiempo le ayudará a asegurarle al prestador que usted es un riesgo aceptable para una hipoteca.

Puede evitar las tardanzas en los pagos dando los siguientes pasos:

❑ Esté al tanto de la fecha en que debe pagar las cuentas. Tenga presente cuándo debe poner sus pagos en correo para que lleguen a tiempo o incluso antes de tiempo. Marque en un calendario el día de poner en correo sus pagos.

❑ Haga que algunos pagos sean deducidos automáticamente de su cuenta corriente cada mes. Las compañías de servicios públicos y de seguros le facilitan este servicio a sus clientes. Pero cerciórese de sustraer los pagos automáticos del saldo de su cuenta corriente.

❑ Si va a estar fuera cuando le toque pagar sus cuentas, haga un plan para pagarlas a tiempo. Prepare los pagos y pídale a un miembro de la familia o a un amigo que los ponga en correo en una cierta fecha.

Llame a sus acreedores y concierte con ellos el pago de sus cuentas antes de tiempo.

Mantenga presente su objetivo de tener una casa

Reúnanse en familia para hablar de los progresos que están haciendo para alcanzar esta meta. Encuentre una foto del tipo de casa que quiere y póngala en un lugar donde todos los miembros de la familia la vean con frecuencia. Piense en esa foto antes de ir de compras o cuando vea algo que le gustaría comprar pero que no necesita.

Conozca su historial de crédito

Cerciórese de que el banco o la compañía hipotecaria quiera invertir en usted. La entidad crediticia querrá conocer su *historial de crédito*. ¿Podrá usted pagar el préstamo? La entidad crediticia querrá saber las deudas que usted ha tenido en el pasado y si las ha pagado a tiempo.

Establezca un historial de crédito

Si nunca ha tenido deudas (o deudas a nombre suyo), usted no tendrá un historial de crédito. La entidad crediticia no podrá revisar un *informe de crédito* para ver si usted es un riesgo aceptable. Tendrá que establecer un crédito si…

❑ Siempre ha pagado todo en efectivo.
❑ Nunca ha tomado un préstamo
❑ Está divorciado(a) y no existe un historial de crédito a su nombre.
❑ No tiene una tarjeta de crédito.
❑ Ha vivido con su familia y no tiene ningún crédito a su nombre.

Cree su propio informe de crédito

Usted puede probarle a una entidad crediticia que puede pagar un préstamo. Y esto puede hacerlo mediante el establecimiento de un *historial de crédito no tradicional.* Necesitará pruebas que demuestren que usted ha pagado cuentas, y que las ha pagado a tiempo, durante por lo menos dos años.

Para hacer su propio historial de crédito no tradicional, reúna los siguientes documentos:

❑ Guarde copias de todas las cuentas que paga: alquiler, teléfono, servicios públicos, automóviles y seguro médico.
❑ Guarde copias de los cheques cancelados que ha utilizado para pagar sus cuentas; guarde cualquier factura que tenga de cuentas que ha pagado.
❑ Pídale al dueño de su casa que escriba una carta en la cual declare el tiempo que usted lleva siendo su inquilino, el monto de su alquiler mensual, y que usted paga su alquiler a tiempo.
❑ Obtenga cartas de las compañías de servicios públicos en las que declaren cuánto tiempo ha sido su cliente y que ha pagado sus cuentas a tiempo cada mes.

Un servicio de asesoría de crédito o una agencia de asistencia de vivienda pueden ayudarle a preparar un historial de crédito no tradicional.

¿Debería conseguir una tarjeta de crédito?

Cuando tenga y use una tarjeta de crédito, el registro de sus pagos se convierte en un capítulo de su historial de crédito. Tener una tarjeta de crédito y usarla con prudencia es un buen modo de establecer un historial de crédito. Pero muchas personas tienen problemas para manejar una tarjeta de crédito e incurren en deudas que no pueden saldar fácilmente. Un modo de evitar esto es cerciorándose de que entiende los cargos y las condiciones en que se la otorgan. Use la tarjeta para algunas compras, haga sus pagos cada mes, y hágalos a tiempo.

Revise su historial de crédito

Cuando usted solicita un préstamo, el banco o la compañía hipotecaria revisará su historial de crédito. Si se entera de cuál es su historial de crédito ahora, antes de solicitar el préstamo, sabrá cuán sólida será la inversión para la entidad crediticia. También podrá arreglar cualesquier errores o problemas.

Usted puede obtener un informe de su historial de crédito de tres agencias que se dedican a esto: *Equifax, Experian* y *TransUnion*. Simplemente llame y solicite su informe de crédito. Puede que tenga que pagar un honorario (de $5 a $20). Solicite un informe de las tres agencias. Su prestador usara uno de ellos o los tres. Es importante cerciorarse de que ninguno de los informes contenga errores.

Informe de crédito gratis

Conforme a la Ley de Transacciones de Crédito Justas y Equitativas (*FACT Act* por su sigla en inglés), todos los norteamericanos tienen derecho a un informe de crédito gratis una vez al año. AnnualCreditReport.com es un servicio centralizado donde los consumidores pueden solicitar sus informes de crédito gratis una vez al año. Equifax, Experian y TransUnion, las tres compañías nacionales de informes de crédito para el consumidor, crearon este servicio. Los consumidores pueden solicitar y obtener un informe de crédito gratis una vez cada doce meses de cada una de las tres compañías nacionales de informes de crédito. AnnualCreditReport.com le brinda a los consumidores los medios más seguros de hacerlo.

AnnualCreditReport.com procesa solicitudes gratuitas de divulgaciones de archivos de crédito, comúnmente llamadas *informes de crédito,* en el cibersitio www.annualcreditreport.com/cra/index.jsp.

Experian
1-888-397-3742
www.experian.com

Equifax
1-800-997-2493
www.equifax.com

TransUnion
1-800-888-4213
www.transunion.com

Usted puede solicitar un informe que combine los tres (*tri-merge report*). Este informe combina la información de las tres agencias que emiten informes de crédito. El capítulo 8 contiene una muestra del informe de crédito con más información. Por supuesto, también está disponible en la Internet en www.esperanza.us de donde puede descargarlo gratuitamente.

El informe de crédito tendrá un número, llamado la *calificación de la oficina de crédito (credit bureau score)*. Este número le dice a la entidad crediticia cuán probable es que usted pague el préstamo. La entidad crediticia usará esta notación para decidir si otorgará o no el préstamo y la cantidad del mismo. Cada agencia de información de crédito usa diferentes medios para calcular la calificación del crédito. Busque una explicación de la calificación que aparece en su informe. Si usted no puede encontrar una explicación o necesita información más clara, llame a la agencia de crédito.

Revise el informe cuidadosamente. ¿Es fiel? Verifique cada columna: *límite máximo (high limit), préstamo total (total loan) y atrasos (past due)*. Si encuentra un error, siga las instrucciones que ofrece el informe de crédito. Explique el problema. Puede hacerle su reclamación directamente a la oficina de crédito a través de la Internet. De no ser así, escriba una breve carta a la oficina de crédito e incluya cualquier información adicional para corregir el error. En el capítulo 8 se incluyen muestras de cartas y encontrará varias más en www.esperanza.us.

Entienda y aborde problemas ordinarios de crédito

Las razones más comunes para tener una baja evaluación de crédito son:

- Costumbre de retrasarse en el pago de deudas actuales.
- Mal cumplimiento de las obligaciones de crédito en el pasado.
- Quiebras.
- Juicios o embargos preventivos.
- Atrasos y cuentas en agencias de cobranzas.
- Descargos, ejecuciones hipotecarias o confiscaciones.

Si el informe muestra errores que usted pueda explicar, solicítele a la agencia de información de crédito que añada su explicación al informe.

Conozca por cuánto tiempo la información se mantiene en su informe de crédito

La información sobre su crédito permanece con usted durante muchos años:

- Información negativa: 7 años.
- Quiebras: 10 años.
- Juicios: 7 años o hasta que prescriba por ley.
- Préstamos de estudiante: 7 años después de la acción del garante.
- Indagatorias: 2 años.

Por lo general, el período se cuenta a partir de la fecha en que el hecho tuvo lugar.

Resuelva sus problemas de crédito

Si tiene un problema de crédito, solicite ayuda profesional. Prepare un plan de gastos realista. Contemple la posibilidad de consolidar las cuentas de tarjetas de crédito. Si puede, pague las cuentas atrasadas. Si no puede, póngase en contacto con sus acreedores y negocie el pago de un saldo con descuento, un plan de pago, o un plan de control de deudas. Si tiene problemas de crédito y necesita ayuda para corregir el asunto, el consejero de vivienda, miembro del equipo de la compra de su casa, es una persona preparada para ayudarlo con este problema y sus servicios son gratuitos.

Siete pasos para evitar problemas de crédito

Usted puede evitar problemas de crédito dando estos siete pasos:

1. Solicite y abra cuentas nuevas sólo cuando las necesite.
2. Administre responsablemente sus tarjetas de crédito.
3. Restablezca su crédito si ha tenido problemas.
4. Corrija cualquier error que haya en sus informes de crédito.
5. Pague todas sus cuentas a tiempo.
6. No contraiga ninguna otra deuda.
7. Evite el robo de identidad.

Reduzca el riesgo del robo de identidad

A muchas personas les han robado su identidad; sea pues prudente al ofrecer su información personal. Hemos encontrado que su información personal podría ser utilizada por otros para comprar artículos en su nombre y a su crédito. Muchas personas que han sido víctimas de un robo de identidad no se enteran hasta que alguien ha comprado de manera fraudulenta miles de dólares en mercancías. En algunos casos les ha tomado años rectificar sus informes financieros. No permita que esto le ocurra, comparta su número de seguro social con empresas sólo cuando sea estrictamente necesario. Rompa en pedazos los documentos que no necesite pero que contienen información personal. Mantenga su correspondencia a buen resguardo. Archive sus documentos personales en un lugar seguro. No lleve consigo tarjetas de crédito adicionales o documentos innecesarios. Cree contraseñas exclusivas y números de identificación personal (PINs, por su sigla en inglés) para sus cuentas bancarias. Examine cuidadosamente las cuentas que le mandan. Solicite un informe de crédito una vez al año.

Si usted ha sido víctima de un robo de identidad, diríjase al departamento de fraudes de cada una de las agencias que ofrecen informes de crédito. Póngase en contacto con todos los acreedores afectados. Haga una denuncia a la policía. Encontrará un ejemplo de una carta en que se denuncia un robo de identidad a las agencias de crédito en el capítulo 8 o en nuestro sitio en la Red: www.esperanza.us.

Conserve su empleo

El banco o la compañía hipotecaria también revisará sus antecedentes de empleo para decidir si usted constituye un riesgo aceptable para otorgarle un préstamo. Esto es tan importante como su historial de crédito. Su ingreso debe ser estable y confiable.

Comience a reunir los documentos financieros que necesitará para solicitar un préstamo

- Matrices de pago de las últimas cuatro semanas.
- Formularios W-2 y declaraciones de impuestos de los últimos dos años.
- Estados de cuentas bancarios de los últimos dos meses.
- Información sobre deudas a largo plazo.
- Prueba de cualquier otro ingreso.

4

¿Cómo encuentro el préstamo adecuado?

Ahora que ya ha fijado sus metas y está ahorrando para una casa, es tiempo de encontrar el préstamo adecuado.

Para encontrar el préstamo adecuado, buscará en los periódicos, hará verificaciones con instituciones financieras vigentes, conseguirá referencias de amigos y familiares, obtendrá información por Internet, y trabajará con su consejero de vivienda.

Antes de empezar, cerciórese de saber en qué consiste el préstamo y el proceso para obtenerlo:

- Aprenda lo que es una hipoteca.
- Conozca su poder adquisitivo.
- Entienda las tasas de interés.
- Aprenda a distinguir los diferentes tipos de préstamos.
- Entérese de quiénes son los prestadores.
- Infórmese acerca de los programas especiales que existen para los compradores de casas.
- Conozca los cargos que tendrá que pagar.
- Conozca sus derechos y responsabilidades.
- Conozca los documentos que le pedirán que presente y que firme durante el proceso del préstamo.
- Conozca los documentos financieros que necesitará para solicitar un préstamo.

El equipo de compra de su casa

Un *funcionario de préstamo* es un empleado de una institución financiera: un banco o una compañía de hipotecas. Él o ella le ayudará a encontrar el tipo de hipoteca adecuada y trabajará con usted para hacerle entender el proceso del préstamo, desde que lo solicita hasta que se lo aprueban.

La entidad crediticia (o prestador) es la institución financiera que hace el préstamo.

Un *funcionario de préstamo:*

- Le dirá qué tipos de préstamos (hipotecas) le puede ofrecer el banco o la compañía hipotecaria.
- Le explicará los cargos que son parte del proceso.
- Determinará cuánto dinero puede pedir prestado.
- Le explicará cuál es el proceso de préstamo.
- Le dirá cuál es la tasa de porcentaje anual.
- Determinará cuánto dinero necesita para el pago inicial y los costos de cierre.
- Le dirá cuáles son los pagos mensuales de su hipoteca.
- Le explicará las condiciones del préstamo.
- Le informará cuando le aprueben el préstamo.

- Sepa cómo comenzar el proceso de préstamo.
- Sepa cómo obtener un compromiso de préstamo.
- Evite los préstamos predatorios.

Esta sección del libro explica cada uno de estos pasos.

Conozca lo que es una hipoteca

Una hipoteca es un préstamo. Cuando una entidad crediticia (un banco o una compañía hipotecaria) le concede una hipoteca, usted se compromete a pagar el préstamo y también los cargos que la entidad crediticia le cobrará por este servicio. El dinero que se presta para la compra de la casa se llama *capital*. El dinero que se paga por el préstamo (por el uso del dinero necesario para comprar la casa) se llama *interés*. El interés es un porcentaje del monto de la hipoteca, y comúnmente se le llama la *tasa hipotecaria*.

Entienda lo que incluye el pago mensual de la hipoteca

La entidad crediticia fijará una cantidad que usted deberá pagar en una cierta fecha cada mes. Éste es el pago mensual de su hipoteca. Este pago incluye una cantidad para amortizar el capital y otra cantidad para amortizar el interés. El pago puede incluir también:

- El pago de impuestos locales sobre la propiedad inmobiliaria que deben pagarse cada año.
- El pago de su seguro de propietario.
- El pago mensual del seguro de su hipoteca.

Una manera fácil de recordar las cuatro partes del pago mensual de su casa es el término PITI, que abrevia, en inglés, lo que acabamos de apuntar:

P = *(Principal)* el capital (la cantidad que ha pedido prestada).
I = *(Interest)* el interés (el costo del dinero prestado).
T = *(Taxes)* los impuestos (del gobierno local).
I = *(Insurance)* los seguros (el seguro del propietario contra daños y perjuicios a la propiedad y el seguro de la hipoteca).

Los bancos y las compañías hipotecarias han usado relaciones o proporciones *(ratios)* (ecuaciones matemáticas) para sentar las pautas para un préstamo. Se han creado a lo largo de décadas de experiencia en el terreno del préstamo.

Su equipo para la compra de la casa le será de gran apoyo para ayudarle a entender cómo estas proporciones afectan su capacidad de compra. A través de nuestro sitio interactivo en Internet en www.esperanza.us puede hallar estas proporciones y ver cuánto le afectan. Le insto a experimentar con diferentes cifras en nuestro sitio en la Red hasta que pueda entender intuitivamente las proporciones.

Siempre haga preguntas

He aquí dos preguntas que podría tener acerca de su pago mensual de hipoteca:

¿CUÁNTO PAGARÉ AL MES? La cantidad del pago mensual de su hipoteca depende de cuatro factores:

1. El monto del pago inicial (un porcentaje del precio de la compra).
2. El monto de su hipoteca (el saldo luego del pago inicial).
3. La tasa de interés sobre el préstamo.
4. El tiempo del que usted dispone para pagar el préstamo.

Una vez más visite el www.esperanza.us y encontrará una *calculadora de amortizaciones de hipotecas.* Haga un clic en ella y escriba diferentes cifras. Verá cómo sus pagos de hipoteca cambian significativamente con pequeños cambios que le introduzca en el monto del préstamo, el pago inicial, el plazo a pagar la hipoteca o la tasa de interés. Le insto a usar el sitio en la Red con tanta frecuencia como pueda de manera que llegue a entender mejor estas proporciones y cálculos.

Los pagos iniciales pueden oscilar entre el 2,5 por ciento y el diez por ciento, en dependencia de su entidad crediticia y de cualesquier programas especiales a los cuales pudiera tener derecho. Cuanto mayor sea su pago inicial, tanto menor será el préstamo y usted, por consiguiente, hará pagos mensuales más pequeños. Sin embargo, el pago inicial no debe ser tan grande que no lo quede suficiente dinero para los costos de cierre, gastos de mudanza, reparaciones y gastos de la familia.

Es importante que no se *extralimite* financieramente. No contraiga más deudas de las que pueda pagar sin dejar de cumplir con sus otras obligaciones. No busque ni compre una casa que sea más cara de lo

El porcentaje del ingreso destinado a la vivienda

El porcentaje del ingreso destinado a la vivienda —o proporción entre lo que se destina a la vivienda y la totalidad de los ingresos brutos, también llamada "proporción delantera" *(front-end)*– es el porcentaje *máximo* del ingreso de un prestatario que puede destinarse al pago mensual de la hipoteca. El pago mensual máximo, determinado por la proporción para la vivienda, incluye capital, interés, impuestos y seguros.

Ejemplo: Su ingreso bruto mensual es de $1.500 (mil quinientos dólares). El préstamo que usted escogió tiene una proporción para la vivienda de un 28 por ciento. El límite máximo que usted podría gastar cada mes en el pago de la casa (capital, interés, impuesto y seguros) es de $420,00 ($1.500 x 28 por ciento = $420).

La proporción entre deudas e ingreso oscila entre el 36 y el 41 por ciento

La proporción entre deudas e ingreso, o "proporción trasera" *(back-end),* es la cantidad mensual *máxima* que el prestatario puede dedicar al pago de la casa (capital, interés, impuestos y seguros) además de todas las otras deudas.

Ejemplo: Su préstamo tiene un límite del 36 por ciento sobre la cantidad que usted gasta mensualmente para cubrir la totalidad de sus gastos domésticos más los pagos de acreedores. Nuevamente, suponga que su ingreso mensual es de $1.500. El límite para el pago de la casa además de todas las deudas de acreedores es de $540,00 por mes. ($1.500 x 36 por ciento = $540).

que usted puede pagar. Conozca lo que puede pagar. Más adelante en esta sección, aprenderá cómo calcular su *poder adquisitivo*.

¿QUÉ PASA CON EL DINERO QUE LE DOY A LA ENTIDAD CREDITICIA? Según paga el préstamo, diferentes cantidades de su pago se aplican al capital y al interés. Durante la primera mitad del período de pago, la mayor parte del pago se aplica al interés. Hacia el final del período del préstamo, casi todo el pago se aplicará al capital. Este proceso se llama *amortización*.

Cada año, usted puede deducir el interés anual sobre el préstamo de sus impuestos federales.

Si vende su casa antes de terminar de pagar la hipoteca, le pagará a la entidad crediticia el saldo que debe del capital.

El dinero que usted paga por concepto de impuestos (locales) y seguros se deposita en una cuenta especial llamada una *cuenta de garantía (escrow account)*. La entidad crediticia ahorra el dinero y cuando hay que pagar el impuesto o el seguro hace el pago directamente a la autoridad tributaria local y a la compañía de seguros.

Todos los meses, usted recibirá un estado de cuentas detallado en el que aparece cuánto ha pagado, cuánto debe, cuánto hay en la cuenta de depósito y lo que la entidad crediticia pagó a la autoridad fiscal y a la compañía de seguros. Examine su estado de cuentas todos los meses y compruebe si contiene algún error. Si hay algo que parece erróneo o algo que usted no entienda, póngase en contacto inmediatamente con la entidad crediticia. Encontrará una muestra del estado de cuenta mensual de la hipoteca en el capítulo 8 y en nuestro portal electrónico www.esperanza.us.

Protéjase de préstamos defectuosos y de ejecución hipotecaria

Cuando le conceden una hipoteca, la entidad crediticia le da el dinero para pagarle al vendedor de la propiedad. La entidad crediticia retiene el título de la propiedad hasta que usted haya saldado el préstamo. Si usted no paga el préstamo, la entidad crediticia tiene derecho a tomar posesión de su casa y vendérsela a otra persona. Esto se llama una *ejecución hipotecaria (foreclosure)*.

Usted puede evitar la posibilidad de una ejecución hipotecaria tomando ciertas medidas desde el comienzo mismo del proceso del préstamo:

• Conozca su poder adquisitivo.
• Conozca los diferentes tipos de préstamos.

- Encuentre una entidad crediticia confiable y tómese el tiempo necesario para adquirir un préstamo.
- Evite los prestadores predatorios.
- Evite los prestadores que lo abordan por correo, correo electrónico, teléfono o en persona.
- Evite incurrir en tratos adicionales que sean parte del préstamo.
- No permita que nadie lo presione para tomar una decisión.
- No contraiga más deudas de las que puede pagar cómodamente en su agenda mensual.
- Conozca cuáles son las tasas actuales de interés.
- Esté al tanto de todos los cargos que le han de cobrar.
- Insista en que le practiquen una inspección a la casa antes de convenir en la compra.
- Lea todos los documentos. No firme ningún documento que no entienda.
- Nunca firme un documento en blanco.
- Rellene todos los espacios en blanco de todos los documentos.

Más adelante en esta sección y en otras secciones de este libro aprenderá más maneras de protegerse.

Conozca su poder adquisitivo

Su poder adquisitivo es la combinación de su *capital*, su *capacidad*, su *historial de crédito* y sus *bienes colaterales*.

Capital. Éste es el dinero del que dispone para hacer el pago inicial, los cargos del préstamo, los costos del cierre, el depósito, las reservas y los gastos de mudanza.

Capacidad. Es su ingreso actual, su historial de ingresos y sus futuras ganancias. Su capacidad se ve afectada por cualquier cantidad que usted deba, ya se trate de cuentas a plazos o compras de cargo globales, que reducen su capacidad adquisitiva.

Historial de crédito. Éste es la constancia de los pagos que usted debe.

Colateral. Éste es el valor financiero de la casa. El banco determinará si vale lo que usted está pagando por ella.

Al calcular su poder adquisitivo, el banco o compañía hipotecaria determinará el *máximo monto hipotecario* al que podría aspirar. La entidad crediticia calcula esta cantidad en base a sus ingresos mensuales brutos (antes de la deducción de impuestos), sus deudas (cualquier deuda que tome más de 10 meses pagarse) y otros factores, tales como la tasa de interés.

Es importante comprender que ésta es posiblemente la mayor cantidad que le prestará la entidad crediticia. Esta cantidad puede ser mucho mayor si usted puede reembolsarla con comodidad. Un préstamo de ese tamaño podría exigir un pago mensual que deje muy poco dinero para otros gastos importantes, tales como ahorros y emergencias. Un préstamo mayor puede resultar tentador, pero puede conducir a una deuda demasiado gravosa y a otros problemas financieros más tarde. Use su poder adquisitivo responsablemente.

Entienda las tasas de interés

Las tasas de interés para hipotecas están conectadas a las tendencias de todo el mundo financiero. En general, las tasas de interés cambian a lo largo del tiempo. Puede ser que durante años, o incluso décadas, las tasas de interés sean elevadas. Luego, por muchas razones complejas, comienzan a descender. Pueden mantenerse en baja, o pueden subir de nuevo.

Manténgase al tanto de cuánto están cobrando los bancos o las compañías hipotecarias por los préstamos. Esta cantidad siempre se describe como un *porcentaje.* Usted puede enterarse de las tasas de interés de las compañías hipotecarias o de los bancos locales leyendo la sección financiera y de bienes raíces del periódico. O bien pídale al bibliotecario de su biblioteca local que le ayuda a encontrar información sobre las actuales tasas de interés sobre hipotecas.

Como comprador de una casa, usted no tiene ningún control sobre la tendencia general de las tasas de interés y de las tasas de interés hipotecario. Pero puede aprender a aprovecharse de una tendencia bajista actual de las tasas de interés, o de cómo enfrentarse a una tendencia alzista en las tasas hipotecarias. Debe estar al tanto también de las tasas hipotecarias de manera que pueda comparar las entidades crediticias y los tipos de préstamos. Y, por supuesto, cuanto mejor informado esté, tanto más preparado estará para evitar a los prestadores predatorios, a los cuales nos referiremos más adelante.

Empiece a aprender sobre hipotecas

Hay mucho que aprender sobre las hipotecas. Éste es un buen momento para empezar a adquirir alguna información básica acerca del monto que usted podría obtener, las distintas clases de hipotecas y las tasas de interés.

Monto. La entidad crediticia determina el monto del préstamo hipotecario al que usted puede aspirar. La cuantía del pago mensual de la hipoteca depende de la cantidad de su pago inicial, el monto del préstamo hipotecario, la duración de la hipoteca, el calendario de pagos y la tasa de interés. Cuando ya esté listo para solicitar una hipoteca, la entidad crediticia entrará a considerar otros factores para determinar el monto de la misma. Una parte importante de la información es *el valor de tasación* de la casa que usted se propone comprar. Cuando comience a escoger entre las casas que podría comprarse, deberá entender la relación *préstamo/valor* (a veces llamada LVT, por su sigla en inglés).

La LVT es la relación entre el monto de un préstamo y el valor total de la propiedad. La casa que está comprando servirá de colateral o de seguridad adicional para el préstamo. Usualmente, el valor de la casa debe ser mayor al que el monto que le está pidiendo en préstamo a la entidad crediticia. Ésta le prestará dinero para comprar una casa basado en parte en la proporción LTV. Los prestadores prefieren una proporción baja de préstamo/valor, pero es común tener un LTV de 95–97%. No se preocupe por aprender a hacer estos cálculos. Puede remitirse a la calculadora de LTV que se encuenta en www.esperanza.us. Su prestador o consejero de vivienda también le ayudará a calcular su LTV.

Entienda la tasa de porcentaje anual

La entidad crediticia debe decirle cuál es la *tasa de porcentaje anual* (APR, por su sigla en inglés). El APR es la suma del interés, los puntos y los costos de cierre. La entidad crediticia deberá mostrarle cómo, al extenderse a lo largo del período de su préstamo, estos diversos costos dan lugar a una tasa de interés anual (también llamada una tasa de interés efectiva). La ley federal tocante a la veracidad en el préstamo le exige a la entidad crediticia brindarle a usted esta información.

Entérese acerca de los diferentes tipos de préstamos

Antes de empezar a buscar un préstamo, entérese de los diferentes tipos de préstamos que existen. Podrá hacer una eleción mejor para usted y su familia, y tendrá el conocimiento para protegerse de los prestadores predatorios, es decir de las entidades crediticias que venden préstamos ilegales a costos elevados.

Los dos principales tipos de productos hipotecarios son: la *hipoteca de tasa fija* y la *hipoteca de tasa ajustable*. Cada tipo de hipoteca tiene sus ventajas.

Hipoteca de tasa fija

Con una *hipoteca de tasa fija* su pago de la hipoteca (capital e interés) siempre es el mismo hasta que termine de pagar el préstamo. El tiempo del que usted dispone para pagar el préstamo puede ser de 15, 20 o 30 años.

VENTAJA DE LA HIPOTECA DE TASA FIJA Con una hipoteca de tasa fija la porción del capital y el interés del pago de su hipoteca seguirá siendo la misma, incluso si aumentan las tasas de interés en el mercado.

CONOZCA LAS VENTAJAS DE LOS PRÉSTAMOS A QUINCE AÑOS, VEINTE AÑOS Y TREINTA AÑOS Si tiene una hipoteca a pagar en 30 años, usted paga más intereses en el transcurso del tiempo. Pero debido a que usted paga más intereses que capital en los primeros 23 años, termina teniendo una mayor deducción de impuestos por ese concepto.

Con una hipoteca de tasa fija pagadera en veinte años, usted pagará menos interés a lo largo del tiempo y entrará en completa posesión de su casa diez años antes; pero el pago mensual será ligeramente más alto.

Cuando se tiene una hipoteca pagadera en quince años, se suele conseguir una tasa de interés más baja. Pagará mucho menos interés a lo largo del tiempo y la casa será enteramente suya en quince años. La mayoría de sus pagos mensuales para amortizar la hipoteca se aplican al capital, de manera que levantará el capital en la propiedad *(equity)* en menos tiempo. Sin embargo, su pago mensual será más elevado.

Hipotecas de tasa ajustable

Con una hipoteca de tasa ajustable (ARM, por su sigla en inglés), su pago hipotecario (de capital e interés) cambia conforme a un calendario. Le revisarán su pago mensual una o dos veces al año.

Hay límites respecto a cuánto cambian las tasas de interés de una ARM. Estos límites se llaman *topes (caps)*. Por ejemplo, los cambios anuales de una ARM podrían tener un tope de dos puntos de porcentaje para el cambio anual, y un tope de seis puntos de porcentaje a lo largo de toda la existencia del préstamo. Las tasas hipotecarias de un ARM pueden cambiar en cualquier dirección, ascender o descender, en dependencia de la tasa de interés general. Usted también tendrá la oportunidad, con algunas ARM, de convertirlas en hipotecas de tasa fija.

Algunas ARM están vinculadas a ciertas tasas, llamadas *índices y márgenes:*

❏ Algunas ARM se vinculan a cuentas del Tesoro de EE.UU. a plazos de seis meses, un año o tres años. La tasa de interés cambia cada seis meses, una vez al año o una vez cada tres años.

❏ Algunas ARM se asocian a certificados de depósito (CD). La tasa se ajusta cada seis meses.

❏ Algunas ARM se asocian a una entidad llamada el Índice de Costo de Fondos. Este índice se refiere al costo que paga un grupo de instituciones crediticias para prestar dinero. La tasa sobre estas ARM puede cambiar cada seis meses o una vez al año.

❏ Los márgenes son porcentajes que la entidad crediticia establece y revela como parte del ARM. El porcentaje del margen se mantendrá idéntico a lo largo de toda la existencia del préstamo.

❏ En el aniversario de su préstamo o en el tiempo convenido el porcentaje del margen se le añade al incremento o decremento porcentual del índice particular del ARM, lo cual da lugar a la nueva tasa de interés hipotecario.

❏ Tanto los topes anuales como de la duración total del préstamo siempre se aplican en los momentos de revisión, y regulan la tasa general.

Usted puede seguir estos índices leyendo la sección financiera de los periódicos. Asimismo, su entidad crediticia está obligada a mostrarle cómo mantenerse al tanto del índice una vez hecho el préstamo (de manera que usted sepa a qué atenerse en los períodos de ajuste). También se le exige al prestador que le dé un historial de quince años del índice, de manera que usted pueda juzgar cómo el índice puede cambiar a lo largo del tiempo.

Ventaja de una ARM

La tasa de interés en hipotecas de tasas ajustables suele ser más baja al comienzo. Usted podría tener que hacer un pago inicial mayor. Sus pagos mensuales pueden ser menores al comienzo, y puede tener derecho a un préstamo mayor. Debe contemplar una hipoteca de tasa ajustable si está seguro de que:

❏ La tasa de interés es demasiado baja para ignorarla;
❏ Sus ingresos aumentarán con el tiempo para hacer frente a pagos potencialmente mayores
❏ Venderá la casa en unos cuantos años, o las tasas de interés permanecerán bajas.

Desventajas de una ARM

Los prestadores predatorios usan con frecuencia hipotecas de tasa ajustable. La tasa inicial parece razonable, pero luego se eleva a una tasa que no puede costear; a veces los pagos se duplican o triplican en un breve período de tiempo. Cuando esto ocurre, el prestatario ya no pueden seguir pagando, la hipoteca se vence y la entidad crediticia predatoria se apodera de la propiedad. Fíjese cuidadosamente en los detalles del ARM. Debe entender los parámetros específicos de su préstamo, el margen de que dispone y los topes anuales y permanentes.

Otros tipos de hipoteca:

❏ Con una *hipoteca reembolsable al vencimiento (balloon mortgage)* usted hace un pago mensual más bajo, pero al final de la hipoteca deberá saldar el monto pendiente.
❏ Con una *hipoteca de sólo interés,* usted paga el interés mensualmente durante un período de tiempo antes de que se convierta en una hipoteca convencional o tenga que refinanciarla. Estas hipotecas rara vez las usan los que compran casa por primera vez y usualmente las utilizan los inversionistas o especuladores de bienes raíces.
❏ Con una *hipoteca de dos pasos,* primero paga el préstamo con una tasa y luego, en un tiempo previsto, se cambia la tasa por el resto del período del préstamo.

Todos estos préstamos y muchos más han sido creados para ser flexibles a las necesidades del prestatario. Cuanto más experimentado sea en finanzas, tanto más fácil es comprar estos productos. Los que compran una casa por primera vez deben escoger los productos más tradicionales de hipotecas de tasa fija o de tasa ajustable.

Préstamos predatorios

Un *préstamo predatorio* es una acción ilícita que puede conducir a que las personas pierdan sus casas. Se caracteriza por una amplia gama de prácticas abusivas en los préstamos hipotecarios y de reparación de viviendas. He aquí descripciones breves de algunos de los más comunes.

CUOTAS EXCESIVAS Los puntos y las cuotas son costos que no se reflejan directamente en las tasas de interés, ya que estos costos pueden financiarse, se pueden ocultar o minimizar. En préstamos competitivos, son usuales las cuotas por debajo del 1 por ciento del monto del préstamo. En préstamos predatorios son comunes las cuotas que ascienden a más del cinco por ciento del monto del préstamo.

MULTAS ABUSIVAS POR PAGO ANTICIPADO Los prestatarios con préstamos por debajo de la tasa *prime* de elevados intereses, tienen un incentivo poderoso para refinanciar tan pronto como mejore su crédito. Sin embargo, hasta el 80 por ciento de todas las hipotecas por debajo de la tasa *prime* conlleva una *multa de pago adelantado* —un cargo por saldar un préstamo antes de tiempo. Una multa por pago adelantado típicamente abusiva es la que se aplica por más de tres años o cuesta más que el interés de seis meses, o ambas cosas. En el mercado *prime*, sólo aproximadamente el dos por ciento de los préstamos de vivienda conllevan multas por pago adelantado de cualquier duración.

SOBORNOS A CORREDORES INMOBILIARIOS (PRIMA DEL MARGEN DE RENDIMIENTO) Cuando los corredores hacen préstamos con una tasa de interés inflada (es decir, por encima de la tasa aceptable a la entidad crediticia), la entidad crediticia con frecuencia paga una *prima del margen de rendimiento*, un soborno por hacerle más costoso el préstamo al prestatario.

REFINANCIACIÓN REITERADA Un prestador engaña al prestatario al refinanciarle un préstamo para generar ingresos por concepto de cargos sin ofrecerle ningún beneficio neto tangible. La reiteración del refinanciamiento puede drenar rápidamente el capital acumulado en la propiedad y aumentar los pagos mensuales —incluso en casas cuya propiedad ha estado anteriormente libre de deudas.

PRODUCTOS INNECESARIOS A veces los prestatarios pueden pagar más de lo necesario porque las entidades crediticias venden y financian seguros y otros productos innecesarios juntos con el préstamo.

ARBITRAJE FORZOSO Algunos contratos de préstamo exigen un *arbitraje forzoso,* lo cual significa que a los prestatarios no se les permite apelar a un tribunal si encuentran que su casa está amenazada por préstamos que contienen condiciones ilegales o abusivas. El arbitraje forzoso hace mucho menos probable que los prestatarios reciban una justa retribución en caso de resultar víctimas de alguna fechoría.

PRESIONAR Y ORIENTAR Las entidades crediticias pueden presionar a los prestatarios a tomar hipotecas por debajo de la tasa *prime,* aunque los prestatarios tengan derecho a un préstamo ordinario. Los prestatarios vulnerables pueden verse sujetos a tácticas de venta agresivas o a verdaderos fraudes. Fannie Mae ha calculado que hasta la mitad de los prestatarios con hipotecas por debajo de la tasa *prime* podrían haber tenido derecho a préstamos con mejores condiciones.

Según un estudio del gobierno, más de la mitad (51 por ciento) de las hipotecas refinanciadas en vecindarios predominantemente afroamericanos son préstamos por debajo de la tasa *prime,* contra sólo el nueve por ciento de las refinanciaciones en los vecindarios predominantemente blancos.

Modos de reducir su tasa hipotecaria

Hay maneras de reducir su tasa hipotecaria o de ahorrar dinero una vez que haya comenzado a saldar el préstamo. He aquí cuatro modos de reducir la cantidad de dinero que dedica al pago de intereses.

1. *Escoja un período de préstamo más breve.* Si usted elige una hipoteca por un *período más breve* (por ejemplo, quince años en lugar de treinta), lo más probable es que pague una tasa de interés más baja en el préstamo.

2. *Pague puntos de descuento.* Otro modo de reducir la tasa hipotecaria es el pago de *puntos de descuento.* Estos puntos son *intereses pagados con antelación.* En otras palabras, usted pagará algunos de los intereses en el momento de comprar la casa, en lugar de más tarde.

   Un punto es 1 por ciento del monto del préstamo. Usualmente, la entidad crediticia reduce la tasa de interés en un octavo de un punto porcentual (ó 0,125) por cada punto que se paga en una hipoteca de 30 años.

   Si usted y su entidad crediticia convienen en puntos de descuento, podría hacer un pago igual a uno, dos o tres puntos. Cuando llegue el momento del cierre, pagará los gastos de cierre y el pago inicial, tal como lo haría en cualquier otra circunstancia. También pagará los puntos. A cambio de eso, la entidad crediticia reducirá la tasa de intereses sobre el préstamo.

   La diferencia en la tasa puede parecer insignificante, pero si usted calcula lo que ahorra a lo largo del período del préstamo, puede resultar una diferencia significativa en la cantidad de dinero que ha de gastar. Los puntos de descuento son una manera muy buena de ahorrar dinero si ha de permanecer en su casa durante un buen número de años.

   Si paga puntos de descuento, necesitará más dinero para el cierre. Algunos vendedores convendrán en ayudarle a pagar los puntos de su préstamo. El dinero que pague en puntos es deducible de impuestos.

3. *Haga pagos frecuentes para reducir la cantidad que paga en intereses.* Si las tasas de interés están altas o necesita empezar con pagos más bajos sobre una hipoteca de veinte años o treinta años, aún puede ahorrar dinero. Puede organizar el reembolso de su hipoteca mediante pagos más pequeños y frecuentes. Puede convenir en un calendario de pagos quincenales o de dos veces al mes. Pagará la hipoteca más pronto y, con el tiempo, terminará pagando mucho menos en intereses.

4. *Haga pagos adicionales sobre el capital.* Otro modo de ahorrar dinero en intereses y acortar el período del préstamo es pagar algo adicional todos los meses para amortizar el capital. Encontrará un renglón para esto en su estado de cuentas. Asimismo, si puede arreglárselas para hacer un pago adicional de su hipoteca una vez al año, terminará por ahorrar dinero en el interés y pagará el préstamo mucho más pronto. La mayoría de las entidades crediticias permiten el pago adelantado, pero algunas imponen un recargo por el pago adelantado. Un pago adicional anual eliminará cerca de siete años en un período de treinta años y le ahorrará miles de dólares. Indague sobre las opciones de pagos adelantados *(prepayments)* cuando ande en busca de su préstamo.

Multas por pagos hipotecarios adelantados

Si el prestatario paga el préstamo antes de finalizar el período establecido, la entidad crediticia recaudará menos interés; en consecuencia a veces imponen multas a los pagos adelantados. Estas multas equivalen a ser castigado económicamente por pagar un préstamo rápidamente o por encontrar un mejor préstamo (mediante una refinanciación) para su familia. Es por esto que es importante revisar un ejemplar de la *Declaración de veracidad en el préstamo (Truth in Lending Statement)* antes de acordar las condiciones del mismo. Una muestra de este documento puede encontrarse en el capítulo 8. Es ilegal que los prestadores impongan multas por pagos adelantados de préstamos hipotecarios asegurados o garantizados por el gobierno federal.

Manténgase al tanto de las tasas hipotecarias

Conozca cuáles son las tasas de interés para los dos tipos diferentes de hipotecas (de tasa fija y de tasa ajustable) y para los diferentes períodos de tiempo (quince, veinte y treinta años). Para obtener esta información, lea los periódicos o vaya a la biblioteca de su localidad y pídale al bibliotecario que le ayude a encontrar información referente a las tasas hipotecarias. Cerciórese de comparar las tasas de las diferentes entidades crediticias. Tenga presente que con la tendencia actual, las tasas de interés cambiarán incluso mientras usted anda en busca de su préstamo. Cuando hable con la entidad crediticia, pregúntele si podrá conseguir un *interés asegurado (lock-in)* de la tasa. Un interés asegurado garantiza una misma tasa de interés por un determinado período de tiempo. Los intereses asegurados son una buena idea cuando las tasas de interés están subiendo. Si las tasas de interés descienden, usted querrá esperar el mayor tiempo posible antes de fijar un interés asegurado.

Conozca quiénes son los prestadores

Muchos tipos diferentes de organizaciones financieras otorgan hipotecas. Aprenda a distinguir las diferentes clases de entidades crediticias antes de comenzar a buscar un préstamo. Estas instituciones prestan o inician préstamos directamente. Existen cinco tipos de instituciones primarias de mercado:

1. *Bancos comerciales.* Los bancos ofrecen hipotecas para propiedades residenciales y empresariales. Si usted ve u oye la expresión *préstamos al consumidor (consumer lending),* esto significa que el banco otorga préstamos a compradores de casas.
2. *Bancos de ahorro.* Estos bancos ofrecen hipotecas a compradores de casas. En ocasiones son llamados instituciones de ahorro o de medro. Cerciórese de que el banco y todos los depósitos estén regulados y asegurados por la Compañía Federal de Seguros de Depósito (FDIC, por su sigla en inglés).

3. *Bancos hipotecarios.* Cómo indica su nombre, estas instituciones se especializan en hipotecas. Usualmente *inician el préstamo.* Posteriormente, venden el préstamo a otra institución financiera.

4. *Corredores de hipotecas.* Estas compañías no hacen préstamos. Ayudan a los compradores de casas con un crédito inusual o deficiente a encontrar una hipoteca. Tenga presente que los corredores de hipotecas no están regulados por ninguna agencia profesional ni del gobierno.

5. *Cooperativas de crédito (credit unions).* Estas son organizaciones bancarias privadas que ofrecen diversos servicios a sus miembros. Sus tasas hipotecarias suelen ser muy buenas, pero para beneficiarse de ellas, usted debe ser miembro. Si le es posible, únase a una de estas cooperativas de crédito a través de su patrón o empleador, o puede asociarse a una cooperativa de crédito vecinal o regional. Las cooperativas de crédito son reguladas por agencias estatales y federales. Su consejero de viviendas puede ayudarle a encontrar una cooperativa de crédito en su región.

Entérese de los programas especiales para compradores de casas

Hay programas especiales para los que compran casas por primera vez y tienen ingresos bajos o medianos. Si usted llena los requisitos para estos programas, pueden resultarle de gran utilidad. Cada programa tiene requisitos y características diferentes, pero todos tienen un objetivo común: ayudar a un mayor número de personas a ser dueñas de la casa en que viven. El gobierno federal, así como agencias estatales y locales, organizaciones y fundaciones de carácter no lucrativo ofrecen estos programas. Algunos programas ofrecen pagos iniciales módicos, o incluso ninguno; otros, tasas hipotecarias especiales. Algunos programas proporcionan donaciones, otros les permiten al comprador que mejore la propiedad con trabajo en lugar de contribuir con efectivo *(sweat equity)*. Algunos programas permiten una proporción entre deuda e ingreso que le facilita comprarse una casa a familias de ingresos bajos o moderados. Algunos programas especiales para quienes compran su casa por primera vez incluyen también clases gratis sobre el proceso de compra de vivienda, información sobre donaciones y tasas de bajo interés.

PROGRAMAS FEDERALES DE COMPRA DE VIVIENDA. *El Departamento de Vivienda y Desarrollo Urbano* (HUD, por su sigla en inglés) de Estados Unidos ofrece un número de programas que facilitan préstamos a familias con ingresos bajos y moderados. El HUD posee casas en comunidades de todos el país y las vende a precios razonables con condiciones de préstamo económicas. Usted puede informarse sobre las casas del HUD dirigiéndose a este departamento en el 1-800-466-3487 o en el portal de Internet www.hud.gov. También puede encontrar, en su región, una agencia de consejería de vivienda aprobada por el HUD llamando al 1-800-569-4287. Para personas con problemas auditivos, llame al 1-800-877-8339.

La *Administración Federal de Vivienda* (FHA por su sigla en inglés). Esta agencia asegura hipotecas de bancos y otras compañías hipotecarias. Con esta ayuda adicional, la entidad crediticia puede ofrecer hipotecas a compradores de casas que son financieramente capaces de tener una casa pero que no tienen los ahorros, los ingresos o el historial de crédito que respalde una hipoteca. La FHA debe aprobar a la entidad crediticia. Diríjase al HUD (véase arriba).

El *Departamento de Asuntos de Veteranos* (VA por su sigla en inglés) tiene programas para ayudar a veteranos, personal en servicio activo y sus cónyuges. El VA garantiza hipotecas hechas por prestadores de mercados primarios. Diríjase al VA al 1-800-827-1000 o conectándose a www.va.gov.

El *Servicio de Viviendas Rurales* tiene programas para familias con ingresos entre bajos y moderados que quieran comprar casas nuevas o ya existentes en zonas rurales. Los préstamos hipotecarios pueden usarse para construir una casa nueva, o para comprar o mejorar una ya existente. Diríjase al Servicio de Viviendas Rurales a través del HUD (remítase a la información anterior). No hay ningún número telefónico gratuito (800), pero puede dirigirse a una de sus oficinas estatales o locales. Para visitar su cibersitio vaya a www.rurdev.usda.gov y haga clic en *where to apply*.

PROGRAMAS ESTATALES Las agencias estatales para financiar viviendas ofrecen programas que usan incentivos de impuestos para facilitarles los costos a los compradores de casas. Usted puede encontrar esta información en su directorio telefónico o en la biblioteca pública de su localidad.

Además, los gobiernos estatales y locales ofrecen programas de propiedad de vivienda a familias de bajos recursos. Su consejero de vivienda titulado puede ser una fuente de información sobre estos programas.

Programas y fundaciones no lucrativas nacionales y regionales

Habitat for Humanity y otras organizaciones nacionales y regionales, así como organizaciones locales de carácter no lucrativo como son las corporaciones de desarrollo comunitario, trabajan para hacer accesible la vivienda a personas de bajos y medianos recursos que van a comprar casa por primera vez. Un consejero de vivienda titulado puede ayudarle a encontrar información sobre estos programas. También puede encontrar información en su biblioteca pública.

Conozca los términos que se usan en los programas especiales

Antes de indagar acerca de los programas especiales, conozca la diferencia entre una donación y un préstamo:

❑ *Donación (grant).* Una donación es un regalo que no hay que pagar.
❑ *Préstamo (loan).* Un préstamo es un dinero que se pide prestado y se paga con interés.
❑ *Donaciones con condiciones especiales.* Debe reembolsarse el dinero

dentro de un marco temporal específico. O podría ser condonado si el beneficiario cumple con alguna condición específica, tal como la de permanecer en la propiedad por un cierto período de tiempo.

Cerciórese de haber leído y entendido toda la información antes de firmar cualquier formulario.

Conozca todos los cargos que debe pagar

Cuando rellene una solicitud para un préstamo, tendrá que pagar una *tarifa de solicitud de préstamo*. Esta tarifa cubre lo que le cuesta a la entidad crediticia el proceso de analizar la solicitud (llamado también la *calificación* del préstamo). Este proceso incluye:

- Cuantificar el riesgo que la entidad crediticia asume al hacer este préstamo.
- Revisar el historial de crédito del prestatario
- Calcular el valor de la propiedad.

La tarifa de solicitud del préstamo cubre los costos de la entidad crediticia por su informe de crédito, una evaluación de la propiedad y cualesquier otros cargos. Usualmente esta tarifa oscila entre $300 y $500. La tarifa de solicitud de préstamo no es reembolsable, incluso si su préstamo no es aprobado.

Conozca sus derechos y responsabilidades

Como prestatario, usted tiene ciertos derechos a la información y a recibir un trato equitativo. Conozca cuáles son sus derechos. Conozca lo que los prestadores deben hacer por usted y lo que no pueden hacer.

La Ley de Procedimientos de Liquidación de Bienes Raíces *(Real Estate Settlement Procedures Act)* (RESPA por su sigla en inglés) estimula la adquisición de propiedades. Esta ley ayuda a los consumidores durante el proceso de cierre del préstamo hipotecario y los protege de prácticas de préstamo abusivas.

La REPSA les exige a los prestadores y los corredores de hipotecas darle a usted un ejemplar del folleto titulado *La compra de su casa: gastos de convenio e información útil (Buying Your Home: Settlement Costs and Helpful Information)*. Tienen el deber de darle este folleto cuando usted solicita un préstamo, o dentro de los tres días hábiles que siguen a su solicitud. Usted deberá leer este folleto y comentarlo con su consejero de vivienda apenas inicie el proceso de solicitar un préstamo.

Conozca qué documentos e información debe proporcionarle la entidad crediticia

La ley le exige al prestador que le facilite cierta información. En el curso de los tres días hábiles que siguen a su solicitud o durante su proceso de préstamo, la entidad crediticia debe entregarle un *cálculo de buena fe* de los gastos de cierre (los gastos de cierre son los costos de concluir el convenio, cuando la venta tiene lugar y la propiedad es transferida del vendedor al comprador). Este documento incluye:

- Todos los cargos que usted paga antes del cierre.
- Todos los gastos de cierre
- Cualquier costo del *depósito de garantía* (fondos que debe situar en una cuenta especial durante el proceso de compra de la vivienda, llamados también *pagos de antemano*.)

Al prestador se le exige también que haga una *declaración de veracidad en el préstamo*. También deberá recibir este documento en el transcurso de tres días después de haber solicitado el préstamo. La veracidad en la declaración de préstamo es un resumen de cómo ha de pagarse su préstamo. Incluye la tasa de porcentaje anual (APR por su sigla en inglés), el total de los cargos financieros, el número de pagos y sus cantidades y el monto total que pagará en interés y capital por la duración del préstamo. Además, la entidad crediticia debe explicarle el proceso de la hipoteca y darle información durante el mismo. No tema ni sea tímido a la hora de hacer una pregunta. La entidad crediticia está de hecho trabajando para usted. Usted le paga por pedirle prestado su dinero. Lo primero que quiere es cerciorarse de que usted entiende todo sobre su préstamo.

Los documentos y la información que le proporciona la entidad crediticia le permitirá a usted tomar ciertas decisiones, tales como si quiere:

- seguir trabajando con ese prestador;
- reducir el monto del préstamo;
- usar una hipoteca diferente;
- aceptar una hipoteca más breve o un período de pago más largo.

Usted tiene derecho a esta información y la entidad crediticia tiene la responsabilidad de dársela conforme a la ley federal (RESPA). Esta ley protege al prestatario de los abusos de los prestadores. Una entidad crediticia debe decirle todo acerca de los gastos de cierre, los servicios de préstamo, las prácticas de cuentas de depósito y cualquier otra relación mercantil entre las partes que intervienen en el cierre.

Usted puede aprender más acerca de la RESPA en www.hud.gov o llamando a la agencia de consejería de vivienda (llame al 1-800-569-4287 para una agencia regional; TDD llame al 1-800-877-8339).

Sepa que a los prestadores no les está permitido discriminar

Debido a la Ley federal de Vivienda Equitativa, a los prestadores *no* se les permite discriminar entre sus posibles prestatarios. Una entidad crediticia no le puede rehusar sus servicios en base a su raza, color, nacionalidad, religión, sexo, estado civil o incapacidad física o mental. Si usted cree que una entidad crediticia lo está discriminando, llame a la Oficina de Vivienda Equitativa del Departamento de Vivienda y Desarrollo Urbano (HUD) de Estados Unidos, al 1-800-699-9777 (1-800-927-9275 para las personas con problemas auditivos).

Conozca sus responsabilidades

Así como la entidad crediticia tiene la responsabilidad de ser justa y de proporcionarle información, usted también tiene la responsabilidad de ser honesto con la entidad crediticia. Esto también se aplica a cualquier programa especial que solicite.

❏ No compre propiedad para nadie más.
❏ No diga que gana más dinero del que realmente gana.
❏ No diga que ha sido empleado más tiempo del que realmente lo ha sido.
❏ No diga que tiene más bienes de los que realmente tiene.
❏ Cerciórese cuando informe sobre sus deudas de no decir que debe menos de lo que realmente debe.
❏ No cambie su declaración de impuestos por ninguna razón.
❏ Diga toda la verdad acerca de cualquier regalo que haya recibido.
❏ No incluya los nombres de coprestatarios falsos en su solicitud de préstamo.
❏ Sea sincero respecto a sus problemas de crédito pasados y presentes.
❏ Sea honesto respecto a sus planes de ocupar la casa.
❏ No presente documentos falsos.

Actúe responsablemente y protéjase del fraude

Cerciórese de protegerse del fraude.

❏ No siga el consejo de ningún prestador, consejero o agente de bienes raíces que le diga que haga declaraciones falsas acerca de sus ingresos, su empleo, su historial de crédito, los regalos que ha recibido, sus deudas o sus bienes. No siga el consejo de ningún prestador, consejero o agente de bienes raíces que le diga que altere sus declaraciones de impuestos sobre las rentas.
❏ Lea todo y entiéndalo todo antes de firmar. No firme ningún documento que no entienda.
❏ Rehúse firmar cualquier documento en blanco.

❏ Al presentar un documento, rellene todos los espacios en blanco, o espacios vacíos. Si la pregunta no se ajusta a su situación, rellene el espacio con la abreviatura *N/A* (abreviatura en inglés de *not applicable*) para significar que tal pregunta no se aplica a su situación.

Sepa qué documentos le pedirán que firme y presente durante el proceso del préstamo

Sepa qué documentos financieros necesitará para solicitar un préstamo. Cuando haga su solicitud, necesitará presentar los documentos siguientes:

• Comprobantes de pago de los últimos dos o tres meses.
• Formularios W-2 y copias firmadas de sus declaraciones de impuestos de los últimos dos años.
• Estados de cuentas de los últimos dos meses que sirvan como pruebas de ahorros.
• Información de deudas a largo plazo.
• Prueba de cualquier otro ingreso.

Durante el proceso de préstamo, le pedirán que firme los siguientes documentos, que le presentará la entidad crediticia:

❏ *Solicitud uniforme para préstamo de propiedad residencial.* Un método que tienen las entidades crediticias para obtener información que los ayude a considerar al comprador de un préstamo: su empleo, monto de deudas mensuales, ahorros y crédito. Le brinda al prestador la información básica necesaria para evaluar la aceptabilidad del préstamo pedido. El formulario incluye información sobre el propósito y el monto del préstamo.
❏ *Cálculo en buena fe.* Un documento que da a conocer los costos del cierre que se esperan.
❏ *Divulgación de la Declaración de veracidad en el préstamo.* En la cual se les exige a las instituciones de crédito que informen a los prestatarios del verdadero costo de obtener crédito, de manera que el

prestatario pueda comparar los costos de varias entidades crediticias y evitar la utilización de un crédito desinformado.

❑ *Autorización para verificación del crédito.* Una dispensa que presenta el solicitante por la cual se autoriza la extracción de su informe de crédito.

❑ *Verificación de empleo.* Un formulario que debe llenar el empleador del solicitante.

Una muestra de cada uno de estos documentos se encuentra en el capítulo 8 y las muestras se pueden descargar de nuestro portal de Internet www.esperanza.us

Basado en estos documentos y el resto de la información que usted someta, puede recibir una aprobación provisional para el préstamo. La solicitud estará completa cuando proporcione información sobre la propiedad:

• La dirección y la descripción de la propiedad que quiere comprar.
• La copia de una lista de bienes raíces en la que aparezca la casa, o un convenio de venta firmado.

Una vez que usted comience el proceso de solicitud del préstamo, la entidad crediticia solicitará *un informe de su historial de crédito.*

Luego de haber recibido su aprobación condicional para un préstamo, y de haber encontrado la casa que desea comprar, le dará a la entidad crediticia la dirección legal y la descripción de la propiedad y un *convenio* de venta (llamado también un *contrato de compra de bienes raíces* o *contrato de venta).*

Finalmente, la entidad crediticia pedirá una *tasación* profesional de la propiedad que usted planea comprar.

En busca de un préstamo

Ahora que ya conoce las reglas básicas sobre los tipos de préstamos y de prestadores, y algunos fundamentos sobre el proceso del préstamo, ya está preparado para comenzar a encontrar un préstamo.

- Compare varios prestadores.
- Escoja una entidad crediticia.
- Comience a trabajar con un funcionario de préstamos.
- Fije una cita y comience el proceso de solicitar un préstamo.
- Obtenga una carta de aprobación previa.

Compare a varios prestadores, préstamos y programas

Haga una lista de al menos tres prestadores con los que quiere hablar primero. Escoja a estas entidades crediticias en base a su estabilidad financiera y la satisfacción de sus clientes.

Comience con recomendaciones de su consejero de vivienda, agente o agencia de bienes raíces. Indague con amigos o parientes que hayan comprado una casa recientemente y hayan obtenido un préstamo.

Los bancos de su región tienen materiales sobre préstamos. Obtenga información de varios bancos y compárela.

Busque por teléfono. Use la páginas amarillas de la guía de teléfonos para encontrar el número de las entidades crediticias en las que está interesado.

Busque en la Internet. Si tiene acceso a una computadora, puede hacer una búsqueda por Internet de productos de préstamo ofrecidos por entidades crediticias locales y nacionales. Si piensa solicitar una hipoteca por Internet, cerciórese de que el portal de Internet tiene medidas de seguridad y reglas de privacidad para proteger su información financiera.

Busque recursos comunitarios adicionales. Como se mencionó anteriormente, muchas agencias estatales y municipales así como organizaciones de desarrollo comunitario y de vivienda sin fines de lucro tienen programas concebidos para ayudar a personas de modestos ingresos que compran una casa por primera vez. Si estos lugares no tienen ningún programa disponible, podrían remitirlo a otros programas especiales en su zona.

Pregúntele a su consejero de vivienda acerca de programas especiales para quienes compran una casa por primera vez. La mayoría de las comunidades locales tienen programas de préstamos para los que compran por primera vez con bajas tasas de mercado o requisitos de aprobación flexibles. Su consejero de vivienda probablemente puede informarle sobre las condiciones específicas de cada programa o remitirlo a los prestadores que ofrecen tales productos.

Otras fuentes de información. Entérese de qué tipos de préstamos ofrece el banco donde tiene su cuenta corriente o de ahorro; averigüe en la cooperativa de crédito de su trabajo y busque en el listado de las páginas amarillas y en la sección de bienes raíces de su periódico local.

Los siguientes portales de Internet son buenas fuentes para comparar:

- www.bankrate.com incluye tasas hipotecarias nacionales promedio y puntos en los 10 mercados principales.
- www.freddiemac.com calcula una tasa hipotecaria nacional promedio a partir de una encuesta semanal de mercado.
- www.mbaa.org publica semanalmente las tasas hipotecarias nacionales.

Tenga presente que su tasa de préstamo real se basará en varios factores tales como notación de crédito, proporción entre deudas e ingresos, proporción entre el préstamo y el valor de la casa, y el historial de ingresos, entre otros.

Infórmese y compare

Su próximo paso es hablar con los *funcionarios de préstamo* de las instituciones crediticias que ha elegido. Entrevístese con posibles funcionarios de préstamo en persona o por teléfono. Recuerde que las tasas de interés cambian a diario, así que hable con todos los prestadores de su lista el mismo día. Cerciórese también que ese sería el funcionario de préstamos con el que trabajaría a lo largo de todo el proceso si usted escoge su institución.

Valiéndose de una lista de verificación para la compra de vivienda que aparece en el capítulo 8, usted puede organizar sus conversacio-

nes. Solicite la misma información de todas las posibles entidades crediticias y luego compare sus hipotecas. Más adelante encontrará una
lista de verificación. Cerciórese de poner por escrito la información
siguiente:

- El nombre de la compañía y la información de la persona a quien
  dirigirse.
- El tipo de institución crediticia que es.
- El tipo de hipoteca que le interesa.
- El pago inicial mínimo que se necesita.
- Las tasas de interés y puntos.
- Las costos de cierre.
- El tiempo de procesamiento del préstamo.
- Si se permite un pago anticipado.

Cerciórese de preguntar acerca de la tasa de interés sin puntos y
luego infórmese de cuánto disminuye la tasa con cada punto. Utilice
la calculadora de amortización de hipotecas que se encuentra en
www.esperanza.us para ayudarse en sus cálculos comparativos. Tenemos también un pliego de comparación de préstamos hipotecarios
para viviendas en el capítulo 8, que también puede descargar de nuestro portal cibernético, www.esperanza.us.

Sepa cuándo decir que no

Tenga presente que usted sólo está reuniendo información. Sea sincero
respecto a esto con cualquier persona con la que hable. No tome ninguna decisión ni llegue a ningún acuerdo. Sobre todo:

- Evite las tácticas de venta que lo presionen demasiado.
- No acepte tasas de interés y costos elevados.
- No firme ningún documento antes de estar preparado para
  hacerlo.

Elija una entidad crediticia

Cuando haya reunido información de por lo menos tres entidades crediticias, compare las condiciones en su lista de verificación. ¿Qué condiciones y opciones parecen adecuarse mejor a usted y a sus circunstancias?

Piense también cuidadosamente en la calidad del servicio que recibiría con cada prestador. El funcionario de crédito, ¿se toma el tiempo de escuchar sus preguntas y de responderle? ¿Se toma el tiempo de explicarle el proceso y los documentos? Usted debe sentirse cómodo con el funcionario de préstamo.

Una vez que haya tomado su decisión, haga una cita con el funcionario de préstamos. En esta reunión, dará inicio al proceso de la solicitud del préstamo.

Obtenga una evaluación preliminar

Una vez que decida sobre el tipo de préstamo que más le conviene, usted puede querer trabajar con una entidad crediticia para que le haga uná *evaluación preliminar* para un préstamo. La evaluación preliminar es un modo informal de determinar cuánto dinero puede pedir prestado. Lo pueden aprobar previamente por teléfono, sin necesidad de ningún papel. Dígale al prestador cuál es su ingreso, sus deudas a largo plazo y a cuánto asciende el pago inicial que puede hacer. La entidad crediticia le dirá la cantidad máxima que usted puede gastarse en una casa. En este punto, la entidad crediticia también puede examinar un informe de crédito para determinar si tiene algún problema de crédito importante que le impediría resultar aprobado para el préstamo.

Si habla con una entidad crediticia sobre la evaluación preliminar, debe entender que la cantidad que le mencionen es sólo un *cálculo estimado*. Esto no significa que la entidad crediticia lo haya aprobado para un préstamo. Asimismo, hágale saber claramente al prestador que usted quiere esta información sólo para hacer sus planes. No acepte una oferta para firmar nada ni se comprometa en modo alguno en esta etapa del proceso.

Recuerde que la entidad crediticia le dirá la cantidad máxima a la que podría tener derecho a pedir prestada. En un momento anterior de este proceso, usted puede haber determinado que puede gastar una cantidad más conservadora. Tenga presente lo que puede gastar.

Es importante entender la diferencia entre evaluación y aprobación preliminares.

La *evaluación preliminar (pre-qualification)* es un proceso informal en el cual la entidad crediticia determina la cantidad máxima que usted puede pedir prestada.

La *aprobación preliminar (pre-approval)* garantiza que la entidad crediticia le prestará una cantidad fija si acepta el préstamo hasta una cierta fecha y reúne todas las condiciones para el mismo. Ya se habrían presentado todos los documentos pertinentes y habrían sido revisados por la entidad crediticia. La aprobación preliminar también puede interpretarse como un compromiso de otorgarle el préstamo si usted cumple con ciertas contingencias o condiciones del préstamo.

Si bien no es necesario, siempre resulta una buena idea contar con una aprobación preliminar *antes* de ir a ver a un agente de bienes raíces. Una aprobación preliminar ayuda al agente a tener una mejor idea de lo que usted puede costear y a subrayarle que usted tiene la seria intención de comprar una casa. En un mercado de bienes raíces con una gran demanda, los agentes atenderán primero a aquellas personas que perciban como dispuestas a hacer su compra de inmediato.

Condiciones del préstamo. El préstamo le será otorgado siempre y cuando reúna o cumpla con ciertos requisitos o condiciones puestos por la entidad crediticia. Algunas condiciones son estándares para todos los préstamos (por ejemplo, usted debe comprar un seguro por la cantidad del préstamo hipotecario y nombrar al prestador como una parte asegurada en la póliza). Otras condiciones pueden ser específicas; como por ejemplo, que deberá saldarle primero a un acreedor o saldar un préstamo de estudiante para reducir su deuda mensual. Otros préstamos pueden incluir condiciones como:

• Seguro contra inundaciones.
• Informe de título de propiedad y una póliza de la entidad crediticia para asegurar el título.
• Inspección y certificado de limpieza de termitas.
• Deslindamiento (o comprobación de linderos).
• Otras inspecciones (radón, pintura con plomo, o calidad del agua).

Las condiciones que aparecen a continuación son comunes, pero no se aplican a todos los préstamos:

• Reparaciones que deben concluirse antes del cierre.
• Documentos adicionales que la entidad crediticia exige como prueba de sus ingresos o situación económica.
• El préstamo puede estar condicionado a la venta de otra propiedad de su posesión o a su capacidad de saldar una deuda para resolver un problema legal.

Solicite una carta de aprobación preliminar

Una vez que haya comenzado el proceso de solicitud del préstamo, su objetivo es obtener una *aprobación preliminar de préstamo*. La aprobación preliminar es el compromiso de la entidad crediticia de otorgarle el préstamo si usted encuentra una casa al alcance del precio que puede costear. Cuando ha conseguido la aprobación preliminar, sabrá exactamente cuánto puede gastarse en una casa.

Es importante, pero no necesario, obtener una aprobación preliminar antes de comenzar a buscar una casa que comprar. Con esta aprobación preliminar usted se encuentra en mejor situación de dirigirse a un agente de bienes raíces para que le ayude a encontrar casas que estén a su alcance. Así los vendedores sabrán que usted es un comprador serio.

Cuando se reúna con el funcionario de préstamos, él o ella dedicará aproximadamente una hora en hacerle preguntas respecto a sus ingresos, gastos, historial de crédito e historial de empleo. Puesto que usted ha estado planificando con antelación, estará preparado para responder estas preguntas.

También le entregará al funcionario de préstamos los documentos que ha reunido:

• Historial de alquiler actual y anterior.

Luego de su reunión, el funcionario de préstamos solicitará un informe sobre su historial de crédito y hará una *verificación de empleo* y una *verificación de depósito.*

En este punto, la oficina de préstamos debe procesar y revisar toda la información que usted suministró. Una vez que el funcionario de préstamos revise todos los documentos y verifique y confirme la información; él o ella lo llamará para darle a conocer la decisión.

Entérese de cómo la entidad crediticia decide la aprobación preliminar de un prestatario

La entidad crediticia tiene que decidir si usted es un riesgo aceptable o no. ¿Saldará usted el préstamo? ¿Será capaz de manejar los gastos de una casa?

La entidad crediticia tendrá en cuenta sus criterios de aprobación. Estos son *capital, capacidad, historial de crédito* y *bienes colaterales,* que hemos abordado anteriormente.

Es importante un ingreso estable. "¿Es probable que este prestatario se mantenga empleado con un ingreso estable por el plazo de duración del préstamo?" La entidad crediticia debe hacerse esta pregunta. Como un paso en dirección a responder esta pregunta, la entidad crediticia envía el formulario de la verificación de empleo al empleador del prestatario. La verificación de empleo indaga por la fecha en que comenzó en su trabajo actual, el cargo que ostenta, su salario actual y el salario que devengó el año anterior, cualesquier bonos o tiempo adicional que le hayan pagado de manera regular y la probabilidad de que su empleo se mantenga. Al reunirse con el funcionario de préstamos, usted firmó y fechó este formulario en que autoriza a su empleador a divulgar esta información. Una muestra del formulario de verificación de empleo puede encontrarse en www.esperanza.us o en el capítulo 8. Si ha estado con su actual empleador menos de dos años, la entidad crediticia enviará formularios a las demás entidades que lo hayan empleado a lo largo de los últimos dos años.

Si trabaja por su cuenta, la entidad crediticia le pedirá las declaraciones de impuestos de por lo menos los últimos dos años y las declaraciones financieras de la empresa (balance anual hasta la fecha y declaración de ganancias y pérdidas). La entidad crediticia puede pedirle una proyección de dos a cinco años de los ingresos de su negocio.

Ingreso bastante estable. La entidad crediticia determinará si el prestatario tiene un *ingreso lo bastante estable* para cubrir el pago de la hipoteca (capital e interés, junto con impuestos sobre la propiedad y seguros) y atender a sus demás obligaciones económicas. La entidad crediticia se vale de *proporciones.* ¿Cómo se compara el gasto mensual de la vivienda con el ingreso bruto mensual del prestatario?

Dinero para el cierre. ¿Cuenta el prestatario con suficientes fondos para el cierre? La entidad crediticia usará el formulario de verificación de depósito (VOD, por su sigla en inglés) para comprobar sus estados de cuenta bancarios de los últimos dos meses. Usted habrá firmado este formulario en el que autoriza a su banco a divulgar la información. La entidad crediticia verificará la cantidad de dinero que hay en sus cuentas. Una muestra de este documento se incluye en el capítulo 8, y en www.esperanza.us.

Historial de crédito. Su entidad crediticia querrá saber cómo ha manejado sus deudas en el pasado. Ya usted habrá recibido el informe de su historial de crédito tal como había planeado. Debe haberlo verificado y haber corregido cualesquier errores que contenga. Debe haber preparado una explicación para cualesquier problemas que haya tenido con su crédito en el pasado. Si las razones tienen que ver con circunstancias especiales, su entidad crediticia o prestador las tomará en consideración.

Entérese de lo que es la carta de aprobación preliminar

La carta de aprobación preliminar es una garantía de que una entidad crediticia le prestará a un comprador potencial una determinada cantidad siempre que el prestatario compre una casa antes de cierta fecha y la casa esta tasada por el monto para el cual el prestatario llena los requisitos. Éste es el compromiso de la entidad crediticia con usted como prestatario potencial. Usted debe seguir reuniendo todas las calificaciones en el momento de hacer la compra. En este momento usted aún no tiene el préstamo. Si conviene con los términos del préstamo y reúne todas las condiciones, entonces firme la carta de aprobación preliminar o de compromiso y envíela de vuelta a la entidad crediticia.

Una *carta de compromiso* en una oferta formal de una entidad crediticia en la que define las condiciones necesarias para prestarle el dinero al comprador de la casa. La aceptación de su solicitud por parte de cualquier entidad crediticia se plasma por escrito en la forma de un compromiso de préstamo.

Entienda las razones legales de una entidad crediticia para negarle un préstamo. Legalmente, un prestador puede negarle un crédito por las siguientes razones: una gran cantidad de deudas, fondos insuficientes, un baja tasación, una pobre evaluación crediticia, cambios financieros en el transcurso del procesamiento del préstamo. Si esto le sucede, discuta los detalles y encuentre lo que debe hacerse para tener éxito al presentar nuevamente su solicitud.

¡Ahora puede encontrar la casa que quiere comprar y completar la solicitud de préstamo! Una vez que haya encontrado una casa que quiera comprar, podrá completar el proceso de la solicitud del préstamo. La cantidad que necesita para un pago inicial se determinará en base al monto del préstamo y su estructura.

Conserve su buen crédito

A partir del momento en que comience el proceso de solicitud de un préstamo hasta el momento del cierre, debe mantener toda la información financiera a disposición de la entidad prestataria y conservar su buen crédito. Al hacer esto también estará fortaleciendo los buenos hábitos de administración económica que ha desarrollado desde que decidió comprar una casa. Acuérdese de:

- Conservar los comprobantes de pago y sus estados de cuenta.
- Pagar las cuentas a tiempo y conservar la prueba de los pagos (cheques cobrados, comprobantes de giros postales).
- Seguir incrementando sus ahorros.
- No contraer una nueva deuda.
- Cumplir a tiempo con todos los plazos impuestos por la entidad crediticia.

5

¿Cómo elijo una casa?

Cuando comenzó a hacer planes de comprar una casa, dedicó tiempo a pensar en dónde quiere o debe vivir. Ahora que sabe cuánto puede gastar en una casa, puede buscar casas dentro de su alcance de precio.

Cuando esté dispuesto a escoger una casa, deberá:

- Saber lo que está disponible.
- Empezar a trabajar con un agente de bienes raíces o un agente de compras.
- Fijarse sólo en lo que puede costear.
- Mantener un criterio amplio.
- Mirar, mirar, mirar y mirar un poco más.
- Restringir su campo de búsqueda.
- Insistir en una inspección de la casa.
- Conocer la propiedad.

En esta etapa del proceso, debe estar dispuesto a ver muchas casas, a examinarlas cuidadosamente y a hacer preguntas importantes.

Entérese de qué casas están disponibles

Su primer paso al elegir una casa es enterarse de la casas que están disponibles y de los precios de la vivienda en la comunidad donde le gustaría vivir.

Antes de contratar a un agente de bienes raíces, dedique tiempo a enterarse de las casas que están disponibles al alcance del precio que usted puede pagar y en la comunidad donde espera comprarla. Tómese el tiempo de reunir esta información antes de contratar a un agente:

- Estará mejor informado cuando esté listo para elegir un agente.
- Estará mejor preparado para trabajar con el agente porque tendrá una idea clara de lo que quiere y de lo que no quiere.
- Su tiempo con el agente resultará más productivo.

Aprovechará al máximo el conocimiento y las destrezas del agente si primero realiza este trabajo de base.

En la sección de clasificados de los *periódicos locales* se anuncian las casas en venta. Busque dos tipos de periódicos. Un periódico importante sirve a una región que incluye una gran ciudad y los condados que la rodean. Los periódicos pequeños que se publican una vez a la semana sirven a comunidades o incluso a vecindarios individuales dentro de la comunidad. Busque anuncios de bienes raíces en ambos tipos de periódicos.

Las ediciones de fin de semanas de los grandes periódicos también tienen secciones especiales dedicadas a bienes raíces que anuncian casas. Asimismo publicitan los calendarios de las exhibiciones de casas o *casas abiertas (open houses)*.

Vaya a exhibiciones de casas

Asistir a una *casa abierta* es exactamente lo que sugiere la expresión: a una cierta hora de un cierto día, cualquiera puede deambular por la propiedad y mirarlo todo. El agente que vende la casa prepara la visita y los posibles compradores pueden hablar con el agente y hacer preguntas.

Una casa abierta se lleva a cabo a sabiendas de que la mayoría de las personas irá con el fin de curiosear. Nadie lo presionará para que tome una decisión ni haga una cita para hacer un recorrido privado de la casa fecha posterior.

Usualmente hay materiales impresos sobre la casa, y usted puede tomarlos y estudiarlos a su gusto. Lleve consigo un cuaderno de notas y ponga por escrito sus preguntas e ideas.

Asistir a exhibiciones de casas es muy útil. Aprenderá mucho respecto a qué clases de casas se encuentran disponibles. Verá cuáles son sus características y qué tipo de condiciones tienen. Puede hacer uso de la información impresa para comparar varias casas.

Quedará enterado también de las diferentes agencias de bienes raíces que existen en la zona y del tipo de casas que representan. Conocerá por lo menos a un agente de bienes raíces, y con frecuencia se encontrará con otros que se encuentran allí para mirar, o que van allí acompañados *por* clientes. Empezará a sentirse cómodo recorriendo la casa y bien informado para hacer preguntas, y para saber lo que busca. Comenzará por ver las cosas que le gustan o no le gustan en la casa. Cuantas más casas visite, tanto más refinada se hará su comprensión de lo que quiere de una casa. Recuerde, ésta es una de las compras más importantes de su vida, así que tómese el tiempo para descubrir lo que realmente quiere.

Utilice los cibersitios de los agentes de bienes raíces

Los sitios de Internet de los agentes de bienes raíces son un buen modo de enterarse de lo que está disponible. Vaya a su biblioteca local y pídale al bibliotecario que lo ayude a tener acceso a esos cibersitios. La mayoría de los agentes de bienes raíces listan las propiedades disponibles y los precios. También exhiben fotos de las casas y algunos hasta llegan a ofrecer recorridos virtuales por la casa y por la propiedad. Con frecuencia, basta que anote sus límites de precio y el sitio lo llevará directamente a las casas que pueda costear.

Visite la comunidad con regularidad

Fíjese en los avisos de ventas *(for sale)*. Puede encontrar propiedades que no se anuncian, incluidas las casas puestas a la venta por el propietario. Vaya más de una vez, ya que las casas salen al mercado todos los días. El regresar con frecuencia a la comunidad le aportará dos ventajas: se enterará de cuáles son las casas disponibles y se familiarizará con la zona.

Use su propia red

Dígale a otros miembros de la familia, a sus amigos y a sus compañeros de trabajo que anda buscando comprar una casa.

Entérese de algunos programas especiales

Las agencias de vivienda del gobierno, así como las agencias de vivienda sin fines de lucro y las fundaciones renuevan o construyen casas y las hacen accesibles a familias de ingresos bajos y moderados. Trabaje con su consejero de vivienda para obtener información respecto a estos programas. Verifique la información con la agencia de viviendas de su estado o de su municipio. Si necesita ayuda sobre cómo ponerse en contacto con estas agencias, vaya a su biblioteca local y pídale a la bibliotecaria que la ayude.

Contemple otras fuentes de viviendas

Otras fuentes de casas y propiedades incluyen las agencias federales, los bancos y las compañías hipotecarias, las subastas y las viviendas abandonadas.

Usted puede comprarle una casa al gobierno federal o a una institución de crédito. El Departamento de Vivienda y Desarrollo Urbano de EE.UU. (HUD) y el Departamento de Asuntos de Veteranos de EE.UU. (VA) ponen propiedades a la venta. Tenga presente que estas propiedades se venden tal como están y es muy probable que necesiten reparación. El comprador puede necesitar una entidad crediticia que le apruebe un préstamo que incluye dinero para extensas reparaciones. Existen también programas especiales para compradores de estas propiedades: el HUD tiene el programa 203(k), que le permite al comprador utilizar un préstamo tanto para comprar la casa como para repararla. Con una casa que necesita una gran renovación, el propietario tiene la oportunidad de hacer importantes mejorías con nuevos materiales y sistemas que le ayuden a ahorrar energía.

Cuando un comprador no puede cumplir con los pagos de su préstamo, los bancos y la compañía hipotecaria rematan la hipoteca. La entidad crediticia vende entonces la propiedad e intenta compensar sus pérdidas. Usted puede enterarse si hay casas disponibles para ejecuciones hipotecarias dirigiéndose a la oficina de bienes raíces perteneciente a la entidad crediticia.

Las subastas de propiedad son otra manera de encontrar casas. El propietario ha muerto y no ha dejado herederos, o tuvo que declararse en quiebra. La propiedad es subastada al mejor postor en una *subasta de bienes* o una *venta del alguacil*. Usualmente el comprador debe prepararse para hacer el cierre inmediatamente. El comprador debe tener aprobada una hipoteca antes de asistir a la subasta.

Una propiedad abandonada podría no tener un anuncio de venta o incluso no estar disponible mediante una subasta. Pero es posible que el propietario quiera venderla. El comprador potencial debe ir a la oficina del registro de la propiedad local y encontrar quién es el propietario. Una oferta por escrito al propietario puede dar lugar a una venta.

Contemple una construcción nueva

Una construcción nueva es otra opción. Otra posibilidad es comprar un terreno que no incluye una casa. Usted tendría que encontrar luego una entidad constructora que le edifique su casa. Otra posibilidad es comprar una casa que sea parte de un nuevo proyecto de construcción.

Si va a construir su casa, debe escoger cuidadosamente al constructor, quien debe proporcionarle los nombres de otras personas a las cuales ya les haya construido casas. Usted debe visitarlas, revisar la obra y conversar con los propietarios acerca de sus casas y de cualesquier problemas que hayan tenido. Además, el constructor debe decirle qué clase de garantías le ofrece. Él debe hacer todas las reparaciones de emergencia en el transcurso del primer año y un número limitado de reparaciones que no sean de emergencia en los primeros 30 a 120 días después que se mude.

Si compra una construcción nueva en una urbanización, investigue al constructor y a la compañía urbanizadora para cerciorarse de que son respetables. Visite otras urbanizaciones construidas por este equipo y converse con los propietarios. Pregúnteles por la garantía que les ofrecen en la construcción y los servicios que le brindan al cliente después de la venta.

Usted puede investigar al constructor y a la compañía urbanizadora solicitando la ayuda de un bibliotecario en su biblioteca local. Él o ella puede indagar en los archivos y otros registros locales para ver si ha habido problemas con las urbanizaciones o la construcción. Pregunte siempre por los materiales y las características tendientes al ahorro de energía que usará el constructor. Investigue luego los materiales. Indague por la puntualidad en la construcción. Haga que un abogado lea la garantía que el constructor o la compañía, le ofrecen. Compruebe si el constructor es miembro de la Asociación Nacional de Constructores de Viviendas (*National Association of Home Builders*).

Trabaje con un agente de bienes raíces o un agente de compra

Cuando empezó a pensar en comprar y tener una casa, se hizo muchas preguntas sobre el tipo de casa que quería y dónde deseaba vivir. Se ha tomado el tiempo de informarse acerca de las casas que están disponibles y ha aprendido sobre los diferentes modos de encontrar una casa. Ahora ya está listo para empezar a trabajar con un agente de bienes raíces o con un agente de compra.

La mayoría de los compradores de casas se valen de un *agente de bienes raíces*. Un agente de bienes raíces cuenta con la preparación y la

autorización *(license)* para negociar y concertar ventas de propiedades. El agente de bienes raíces puede representar al comprador, al vendedor o a ambos.

A cambio de sus servicios, el agente recibe una comisión del vendedor. Por lo general la comisión es del seis por ciento del precio de venta
de la casa, y si más de un agente participa en la venta, se reparten la comisión. Es importante comprender que el agente de bienes raíces intenta obtener el precio más alto por la casa.

Un agente de bienes raíces trabaja para un *corredor de bienes raíces*.
Si el agente o corredor es miembro de la Asociación Nacional de Agentes Inmobiliarios *(National Association of Realtors)* entonces se le conoce como un *agente inmobiliario* o un *agente de bienes raíces colegiado*
(realtor).

Un *agente de compra* es un profesional de bienes raíces que sólo representa al comprador.

Encuentre a un agente de bienes raíces en quien pueda confiar.
Cuando esté dispuesto, he aquí algunas pautas para encontrar uno:

❑ Obtenga referencia de amigos, parientes y compañeros de trabajo.
¿Hay algún agente que recomendarían? Pregúnteles que les gustó
del agente y cuáles eran sus intereses.

❑ Infórmese de las agencias que prestan servicios a la comunidad
donde usted va a comprar una casa. El agente de bienes raíces de las
compañías que prestan servicios en la zona donde usted se dispone
a comprar conocerá y entenderá tanto las propiedades como la
comunidad. Puede enterarse de qué compañías prestan servicios
en la zona, haciendo un recorrido por la comunidad y anotando
los nombres en los anuncios de "se vende" *(For Sale)* y "vendido"
(Sold). Asista a exhibiciones de casas en la comunidad y vea qué
tipos de propiedades representan estas compañías. Puede conocer
al agente de bienes raíces que preside la exhibición de la casa y podría conocer a otros agentes que estén recorriendo la propiedad.

❑ Llame a su asociación local de agentes inmobiliarios. Obtenga una
lista de agentes inmobiliarios que incluya las propiedades de la zona
donde usted quiere comprar. La Asociación Nacional de Agentes

Inmobiliarios es la organización profesional de corredores y agentes, llame al 1-800-874-6500 o visite www.realtor.org para obtener información sobre las listas regionales de corredores de inmuebles y de asociaciones regionales de agentes inmobiliarios.

❏ Los agentes pueden servir como fuente de referencia a una institución crediticia, una compañía hipotecaria o un banco, pero es responsabilidad de usted buscar la mejor hipoteca posible para su casa.

BÚSQUESE UN AGENTE Piense en el agente como alguien a quien está contratando para que trabaje para usted. Entreviste a varios agentes y decida cuál es el mejor para el trabajo. Hágale a cada agente las mismas preguntas y tome nota de sus respuestas. Si no entiende algo, pida una explicación. Si tiene alguna duda después, llame al agente y pregúntele.

El agente debe ser alguien con quien usted se sienta cómodo. Debe estar dispuesto a responder a todas sus preguntas. Él o ella debe ser paciente y estar dispuesto a explicar cosas. Usted debe percibir que el agente quiere ayudarlo a encontrar la casa idónea. No debe percibir que el agente intenta excluirlo de una comunidad debido a su raza, color, religión, nacionalidad, estado civil o discapacidad. No debe sentir que el agente intenta presionarlo a gastar más dinero de lo que usted ha decidido que le conviene.

El agente debe ser puntual en llegar a todas las citas. Debe ser muy preciso y estar atento a los detalles. Estas cualidades sugieren que él o ella se cerciorarán de que todos los documentos estén en orden y de que cada fecha fijada se cumpla.

No convenga en que un agente trabaje para usted a menos que esté seguro de que quiere que esta persona sea su agente. No firme ningún documento hasta que haya tomado una decisión firme. Tome la decisión en el tiempo que necesite. No permita que nadie lo presione a tomar una decisión.

No se sienta apremiado ni obligado a contratar a un agente sólo porque éste sea amigo suyo, o amigo de un pariente suyo o de un compañero de trabajo, o porque incluso sea miembro de su propia familia.

Ésta debe ser una relación profesional. La Asociación Nacional de Agentes Inmobiliarios publica un código de ética. Puede encontrarlo en www.realtor.org.

Abogado. Es posible que usted resida en un estado que exija que un abogado maneje ciertas partes del proceso de compra de una casa. Otros estados exigen que un abogado maneje partes del proceso solamente si no hay ningún agente de bienes raíces capacitado para que participe en el mismo. Independientemente, usted puede querer contratar a un abogado para ayudarle con los documentos legales y los contratos, en la medida en que puedan resultar complejos. Un abogado puede revisar los contratos con usted. También puede ayudarlo con el proceso de cierre. Encuentre a un abogado que tenga experiencia en trabajar con compradores de vivienda. Si contrata a un abogado, conozca cuáles son sus honorarios por hora o si tiene una tarifa fija o está en disposición de fijar un precio tope por un cierre. Resulta menos costoso dirigirle sus preguntas generales a un consejero de viviendas del gobierno que tener que pedirle asesoramiento de carácter general a un abogado.

Fíjese sólo en casas que pueda pagar

Usted sabe lo que puede gastar. Sabe cuánto dinero tiene para comprar y mantener una casa. Sea claro y firme con su agente de bienes raíces o con el agente del comprador. Fíjese sólo en las casas que pueda comprar.

Podría estar tentado a mirar algo fuera de su margen de precio, pero tenga presente que podría resultar en desilusión y problemas si intenta comprar algo que no puede costear. Para una casa más cara necesitará un pago inicial más grande, y el pago de su hipoteca mensual puede ser tan grande que termine teniendo problemas en cumplir con sus otras obligaciones. Asimismo, los impuestos sobre la propiedad probablemente han de ser más elevados, como más elevado ha de ser también el seguro del propietario. Y los costos del mantenimiento de la propiedad serán altos también. Si no pude mantener la propiedad en buen estado, su valor disminuirá.

Es mejor comprar algo que usted pueda costear y luego hacer que su inversión aumente de valor mejorando la propiedad.

MANTÉNGASE RECEPTIVO Aprenda a mirar debajo de la superficie. Una casa en buen estado estructural, puede no *parecer* la casa de sus sueños, pero puede tener la posibilidad de *convertirse* en la casa de sus sueños.

Si el decorado de la casa no le gusta, o parece gastado, o no responde a sus criterios de limpieza, intente imaginar la casa transformada a su gusto. Unas pequeñas mejoras poco costosas pueden producir un cambio notable. Las paredes y los gabinetes pueden pintarse. Las cortinas pueden reemplazarse. Una alfombra fea o manchada puede ocultar un hermoso piso de madera. Una pared que no soporta ningún peso puede derribarse fácilmente para hacer una habitación más grande y más clara. Puede añadirse una ventana. Unas tablas de forro feas y gastadas pueden reemplazarse.

Aprenda a pensar del mismo modo respecto a la propiedad circundante. Pueden agregar o quitar árboles y arbustos.

Recuerde que usted sólo le está comprando al vendedor la *estructura*, no su *gusto*. No pierda la oportunidad de adquirir una casa con posibilidades.

También puede perder una ganga. Las casas que no se ven bien, suelen estar en el mercado por mucho tiempo o son valoradas por debajo de casas semejantes en la zona. El vendedor puede estar dispuesto a aceptar un precio por debajo de lo que él pide.

Recuerde, ¡mire, mire, mire, y mire aún más!

La mayoría de los que compran casa por primera vez visitan de quince a veinticinco casas antes de hacer una compra. Usted puede tener necesidad de mirar muchas más, dispóngase pues a visitar muchas casas. No se desaliente si el proceso toma mucho tiempo, incluso varios meses. No está malgastando su tiempo: se hace más conocedor con cada casa que visite. Asimismo, usted sigue ahorrando y administrando su dinero durante ese tiempo, de manera que estará mejor preparado para hacer la compra y mantener la casa que va a comprar.

Organícese

Organícese para cada visita a una casa que está a la venta. Haga una lista de verificación o use la que aparece más adelante y haga varias copias en blanco (puede encontrar esta lista sin costo alguno en www.esperanza.us). Cerciórese de que la lista de verificación incluye cualquier característica específica que necesite. Use luego la misma lista para cada visita. Tome notas adicionales durante cada visita. Compare sus notas acerca de cada propiedad. Lleve una cinta métrica, una cámara y una linterna a cada visita. Use la cinta métrica para medir los tamaños de las habitaciones. Use la cámara para tomar fotos dentro y fuera de la casa, alrededor de la propiedad y en el vecindario. Use la linterna para examinar de cerca las áreas oscuras en el sótano y en el ático.

Cerciórese de que ha tomado notas en cada propiedad que incluyen la dirección, el tipo de casa, el precio que piden, los impuestos anuales, el tamaño del lote, la edad del inmueble y el número de dormitorios y de baños. Luego de haber visitado muchas casas, es difícil recordar cada detalle.

Examine cuidadosamente

Examine cuidadosamente las características de la casa. Haga las mismas preguntas generales y específicas respecto a cada casa. Haga preguntas adicionales si necesita más información.

Precio de compra. Pregunte lo que se incluye en el precio de compra. Por ejemplo, el vendedor puede incluir los principales aparatos electrodomésticos, tales como el refrigerador, el fogón, la lavadora y la secadora.

Condición. Fíjese cuidadosamente en el interior y el exterior. Busque señales de deterioro, tales como manchas de agua o abombamientos en las paredes y en los suelos. Pregúntele al vendedor o al agente acerca de problemas potenciales, tales como la condición del techo, el alambrado eléctrico, las tuberías y los sistemas de calefacción y de aire acondicionado.

Historial de mantenimiento. Indague acerca del historial de mantenimiento de la casa. ¿Alguna vez ha sido reemplazado el techo o los sistemas de calefacción?

Costo de los servicios públicos. Entérese de cuánto gasta al año el vendedor en costos de servicios públicos. Pregunte cuánto paga en impuestos sobre la propiedad.

Seguro especial y restricciones. Pregunte si la casa exige algún seguro especial, tal como seguro contra inundaciones. Si la propiedad se encuentra situada en una lugar declarado por el gobierno federal como zona de inundaciones, su entidad crediticia le exigirá que compre un seguro contra inundaciones además de su seguro de propietario.

Entérese si hay *restricciones de zona* que afectarían su uso de la propiedad. Por ejemplo, si usted se propone establecer un negocio en la propiedad, junto con su casa, las restricciones de zona pueden imposibilitarlo.

¿Existen *restricciones de obra?* El vecindario puede tener restricciones de cosas tales como el derecho de vía; apariencia de la propiedad; número y tipo de estructuras en la propiedad; adición o remoción de árboles, piscinas, garajes o adiciones a la casa.

Cerciórese de haber obtenido respuestas a todas sus preguntas y de que entiende la información. Si no comprende algo, pregunte de nuevo. Si el vendedor o su agente se muestra renuente a responder una pregunta legítima, tome nota. Vuelva a hacer la pregunta otra vez en otra ocasión. Si nunca llega a obtener respuesta, debería contemplar la posibilidad de dejar esa casa fuera de su consideración.

Examine cuidadosamente toda la propiedad

Probablemente, usted sepa lo que quiere de una casa. Es muy importante hacer un examen cuidadoso para que no termine con cosas que *no* quiere, como cimientos carcomidos, un alambrado eléctrico deficiente y plagas de insectos. Utilice la lista de verificación que aparece en la página siguiente en cada una de las propiedades que vaya a considerar.

Entérese de cómo es el vecindario

Si está interesado en una casa, indague acerca de la localidad y el vecindario. ¿Cómo podrá llegar al trabajo, la guardería infantil, la escuela, la iglesia y otros lugares que son importantes para usted? ¿Dónde comprará los víveres?

Vuelva a la lista que hizo sobre lo que necesita y desea en un vecindario. ¿Cuánto se acerca esta comunidad a su lista?

Recoja o suscríbase al periódico semanal de la comunidad o del vecindario. Le dará una idea de las actividades, intereses y problemas, atracciones y empresas en el área.

Converse con las personas de la zona. Pregúnteles cuánto tiempo llevan viviendo allí, qué les gusta y qué no les gusta de la comunidad, y qué asuntos o intereses son importantes para los vecinos en ese momento. Pregúnteles acerca de cualquier cambio que hayan presenciado a lo largo de los años.

Vaya a la tienda de víveres, al parque, a la biblioteca y a otros lugares de los que usted y su familia harán uso. Utilice el trasporte público para ir del vecindario a un lugar que le guste o que sea importante para usted.

Intente experimentar por un ratito la vida del vecindario. Tome notas acerca de lo que le gustó y de lo que no le gustó, o de cualquier preocupación que tenga.

Piense en sus necesidades básicas: seguridad y escuelas

Seguridad. ¿Tiene el vecindario servicios adecuados de policía, bomberos y atención médica? ¿Cuán cerca está el hidrante de incendios o la fuente de agua para un camión de bomberos? ¿Es un barrio seguro? ¿Están bien cuidadas las casas y las empresas? ¿Ve usted rejas en ventanas y puertas y señales de alarmas de seguridad?

Visite la zona por la noche. ¿Hay señales de actividades ilícitas?

Visite o póngase en contacto con la comisaría de policía de la localidad y averigüe las estadísticas de delitos. Asimismo, el semanario del

Lista de verificación de la propiedad

Señales de daños producido por el agua o problemas de drenaje:

____ Manchas en las paredes del sótano.

____ Musgo, moho o manchas en el revestimiento, justo encima de los cimientos.

____ Manchas o moho debajo del techo.

____ Áreas húmedas en el patio.

____ Área erosionadas en la entrada principal o en la entrada de autos.

____ Salideros en las cañerías (humedad en torno a los tubos y válvulas o llaves de paso); humedad alrededor de la cañería maestra del agua.

____ Baja presión de agua.

____ Revestimiento que es ondulado a la vista y esponjoso al tacto.

____ Manchas en los cielos rasos o paredes.

____ Pisos que se sienten esponjosos o desnivelados.

____ Áreas húmedas en los horcones (las vigas principales de la casa).

____ Grandes áreas húmedas en la alfombra fija.

Señales de madera o estructuras carcomidas:

____ Hundimiento del techo en el medio.

____ Ausencia de tejas.

____ Cimientos de pilares de madera o de vigas de solera hundidos directamente en el suelo.

____ Secciones del piso podridas.

Señales de que la estructura se ha desplazado o está dañada:

____ Paredes cóncavas o convexas.

____ Ventanas o puertas que se ven desniveladas.

____ Pórtico inclinado o combado.

____ Grietas diagonales sobre puertas y ventanas.

____ Cimientos que se han deslizado o se han movido.

____ Pisos a desnivel.

____ Puertas y ventanas que no cierran bien.

(Continúa en la pagina siguiente)

Señales de problemas con los sistemas de climatización y eléctrico:

____ Cuentas muy altas por la calefacción y el aire acondicionado.

____ Servicio eléctrico insuficiente (los fusibles se van o los interruptores de circuito se disparan cuando varias luces y aparatos eléctricos funcionan a la vez).

____ Numerosas extensiones eléctricas y tomacorrientes auxiliares.

____ Olor a gas.

Señales de otros problemas:

____ Olor de aguas negras o de fosa séptica.

____ Varias capas de papel de techo.

____ Techos cuarteados o ampollados.

____ Pintura vieja y desportillada en alféizares y chambranas de la casa.

____ Pintura desportillada en el exterior.

____ Señales de termitas, hormigas u otros insectos.

____ Árboles y arbustos podridos o enfermos.

Puede obtenerse una copia de esta lista (en inglés) en nuestro cibersitio www.esperanza.us.

vecindario o la comunidad puede publicar una lista de los incidentes policiales de la semana anterior. Lea esos informes durante varias semanas.

Escuelas. Si en su casa hay niños, la calidad de las escuelas será muy importante para usted. También podría necesitar programas extraescolares para los niños de su familia. Concierte una visita a la escuela del vecindario. Converse con las personas que conozca en el vecindario y pregúnteles sobre las escuelas.

El distrito escolar debe darle información acerca de las calificaciones, las tasas de promoción, las tasas de graduación y el porcentaje de graduados que asiste a la universidad.

Incluso si no hay niños en su familia, la calidad de las escuelas es importante porque afecta el valor de la propiedad en la zona. Las familias y las empresas quieren estar en la vecindad de buenas escuelas.

Considere los impuestos y los seguros

Estos costos pueden afectar el pago mensual de su hipoteca:

Impuestos. ¿Son razonables los impuestos sobre la propiedad? ¿Qué servicios obtiene a cambio de sus impuestos? Por ejemplo, ¿tendrá que pagar por un servicio privado para la recogida de basura?

Puede obtener esta información de un agente de bienes raíces o de la oficina local del asesor de impuestos.

Seguros. Póngase en contacto con un agente de seguros. Pregúntele sobre el costo promedio del seguro de propietario en la comunidad. Pregúntele sobre el costo promedio del seguro de automóviles.

Selección de una casa

Usted ya ha examinado muchas propiedades. Según se reduce su búsqueda, válgase de sus notas y listas de verificación. Compare los puntos buenos y malos de las propiedades y vecindarios. Elija la casa que quiere comprar.

CONOZCA EL JUSTO VALOR DE LA CASA EN EL MERCADO

Cerciórese de que la propiedad no tenga un precio excesivo. Obtenga una lista de propiedades comparables en el vecindario que se hayan vendido en los últimos doce meses. Revise la lista con su agente para ver si la casa está tasada adecuadamente.

Declaración del vendedor

Solicite una declaración del vendedor. El vendedor debe presentar una declaración por escrito en la cual revele todos los problemas que él o ella ha tenido en la propiedad y lo que ha hecho para arreglarlos. Usted tiene derecho a conocer esta información. También puede comparar esta declaración con su propia lista de verificación y con el informe de la inspección que recibirá de un inspector de viviendas autorizado.

Encontrará una muestra de esta declaración en el capítulo 8 o en www.esperanza.us.

INSISTA EN UNA INSPECCIÓN A LA CASA Una vez que usted haya escogido una propiedad para hacer una oferta debe buscar a un inspector de viviendas que sea parte de su equipo de compra. No necesita contratar al inspector de vivienda hasta que haya suscrito un acuerdo de venta con el vendedor de la propiedad.

El costo de una inspección de la casa es responsabilidad suya. Puede ser de $300 o más. Pero piense en la cantidad de dinero que podría gastarse en la casa. Una inspección lo protegerá de comprar una casa que sea insegura o que necesite reparaciones graves e inesperadas. El inspector de viviendas trabaja para usted y lo informará tanto como sea posible acerca de la propiedad. Haga esta importante inversión.

Asimismo, cerciórese de que la casa haya sido inspeccionada antes de hacer una oferta por escrito. Cerciórese de que el convenio de compra permita una inspección y la posibilidad de que usted pueda rehusarlo en caso de que se presente algún problema grave con la casa. En ciertos casos, tal vez quiera cancelar la compra debido a problemas de salud o al costo de una reparación; por ejemplo, a la presencia de amianto o de una instalación eléctrica defectuosa, o a la necesidad de reemplazar el techo. En estos casos o bien el vendedor debe costear las reparaciones o usted debe tener derecho a cancelar la compra de la casa y a que le reembolsen su pago inicial.

La inspección de la casa debe ser hecha por un profesional, un inspector de vivienda autorizado. Debe buscar a alguien con experiencia, que tenga un criterio y una ética elevados y un profundo conocimiento de casas y estructuras. El inspector debe ser independiente de cualquier empresa contratista o de construcción.

Entienda que una inspección de la Administración Federal de Viviendas (FHA, por su sigla en inglés) no es una inspección para el comprador. Una hipoteca de la FHA incluye una inspección. Sin embargo, esta inspección es para el banco y la FHA. Usted necesitará una inspección independiente de la casa.

Antes de contratar al inspector de vivienda, hágale estas preguntas:

❑ ¿Ha recibido su diploma de una asociación industrial o profesional? ¿Sus calificaciones están al día?
❑ ¿Hace cuánto tiempo que es inspector profesional de viviendas?
❑ ¿Son las propiedades residenciales su especialidad?

Su equipo para la compra de la casa

Necesitará un *inspector de vivienda autorizado* para examinar cualquier propiedad que esté pensando seriamente en comprar. El inspector de vivienda:

- Ofrece una evaluación imparcial y a profundidad del estado físico de la propiedad.
- Identifica los detalles que necesitan reemplazo o reparación.
- Proporciona cálculos del costo de las reparaciones y la esperanza de vida de los sistemas con que cuenta la casa.
- Ofrece una opinión profesional sobre la solidez estructural del edificio y otras características de la propiedad.
- Le brinda la información que usted necesita para decidir si hace una inversión prudente.

Cómo y cuándo encontrar un inspector de vivienda

Debe encontrar un inspector de vivienda cuando comience a reducir su búsqueda. De este modo estará listo cuando decida cuál es la propiedad que más le interesa.

Las leyes de su estado podrían exigirles a los inspectores de vivienda que aprobaran un examen y reunieran ciertos requisitos antes de incorporarse a una organización profesional del estado.

Revise el directorio telefónico o la Internet. Busque "Servicio de inspección de edificios" *(Building Inspection Service)* o "Servicio de inspectores de vivienda" *("Home Inspectors Service").*

❏ ¿Usted o su compañía hacen reparaciones? ¿Hacen recomendaciones o referencias? (Si la respuesta es afirmativa, esta persona es alguien a quien evitar, ya que él o ella tiene un conflicto de intereses).

❏ ¿Cuánto tiempo tomará la inspección (Debe tomar de dos horas y dos horas y media).

❏ ¿Cuál será el costo? (El promedio nacional es de $250, pero los precios pueden ser más altos en ciertos lugares o con un inspector muy experimentado).

❏ ¿Me dará un reporte escrito o grabado en video? (La respuesta debe ser sí).

❏ ¿Puedo asistir a la inspección? (La respuesta debe ser sí).

❏ ¿Cómo mantiene sus conocimientos al día? (la respuesta debe ser mediante cursos y estudiando).

¿Qué hará el inspector?

El inspector de vivienda examina la propiedad en busca de *problemas estructurales.* Revisará el interior, el exterior y los sistemas (eléctrico, de agua, etc.) El inspector examinará las cañerías, los sistemas de electricidad, las canales, el techo, el ático, el sótano, los sistemas de drenaje, los pisos, las paredes, los cielos rasos, las ventanas, las puertas, los cimientos y cualquier otro edificio que exista en la propiedad. El inspector le informará si cualquier material de la casa es inseguro y si hay señales de plagas de insectos. Asimismo, lo alertará de cualesquier problemas potenciales en la propiedad.

Si el inspector encuentra cualesquier defectos, sugerirá métodos para repararlos.

Después de la inspección, usted recibirá un reporte formal que presente la información en detalle. Este informe será por escrito o en video, o en ambas formas. En el informe, el inspector le ofrecerá una opinión profesional de la condición de la propiedad.

Los inspectores de vivienda *no* le dan opiniones sobre el valor de la propiedad. Sin embargo, los resultados de la inspección le ayudarán a tomar decisiones acera de su oferta y le ayudarán a negociar un precio de compra.

Asista a la inspección

Encuéntrese con el inspector en la propiedad (esté allí temprano) y sígale a través de todo el recorrido de la propiedad. Hágale preguntas. Si no entiende la respuesta, repita su pregunta.

Utilice su informe de inspección

Cuando reciba el informe de inspección, cerciórese de que lo entiende. Si no lo entiende, llame al inspector. Es la responsabilidad del inspector cerciorarse de que usted lo entienda. Al igual que con todos los miembros de su equipo de compra de la casa, insista que el inspector se lo explique todo. El inspector trabaja para usted. Su consejero de vivienda también puede ayudarle a revisar e interpretar cómo el informe puede afectar su compra. Use el informe del inspector de vivienda para tomar decisiones. La decisión fundamental que usted tomará es la de si intentará comprar la propiedad. ¿Qué aprendió de la inspección y del informe? ¿Aún quiere esta propiedad? ¿O acaso parece aun más prometedora de lo que usted creía?

También puede usar el informe de la inspección para determinar qué cantidad de reparaciones y de mantenimiento tendría que hacer si decide comprar esta propiedad. El saber esto lo ayudará a decidir cuánto ofrecer por la propiedad. Usará la información sobre reparaciones necesarias cuando presente, como parte de su oferta, una lista de *contingencias*. Por ejemplo, podría ofrecer un cierto precio con la condición de que el vendedor haga ciertas reparaciones antes de la venta.

6

¿Cómo hago la compra?

Ha encontrado la casa que quiere comprar. Ahora está listo para hacer la compra. En este punto en el proceso de comprar una casa, debe:

- Saber cómo hacer una oferta.
- Saber qué hacer una vez que su oferta haya sido aceptada.
- Comprar un seguro de propietario.
- Hacer un último recorrido por la propiedad.
- Prepararse para el cierre.

Sepa cómo hacer una oferta

El monto que usted ofrece por la casa depende de muchos factores.

❏ Tome en cuenta las casas semejantes en la zona. ¿Por cuánto se han vendido recientemente? Deben ser semejantes en estructura, tamaño, características y propiedad circundante. Su agente de bienes raíces puede proporcionarle información acerca de las ventas recientes en la zona. La información también se encuentra disponible en el juzgado de la localidad.

❏ Tome en cuenta la condición de la casa. ¿qué reparaciones o mejoras necesita? (Estos fueron los problemas que salieron a relucir durante la inspección de la casa). Su oferta puede reflejar una expectativa de que el vendedor arreglará esos problemas, o puede reflejar que usted hará las reparaciones.

❏ Tome en cuenta el monto de la hipoteca para la que usted llena los requisitos.

❏ Tome en cuenta por cuánto tiempo ha estado a la venta la casa (en el mercado). Si el vendedor ha estado esperando de tres o seis meses, o más, él o ella podría estar dispuesto a aceptar una oferta por debajo del precio inicial. Si el vendedor ya ha reducido el precio una o más veces, podría aceptar una oferta aún menor.

❏ Tome en cuenta la competencia. ¿El vendedor ha recibido otras ofertas? Si el vendedor tiene otras ofertas para la casa, y usted realmente quiere convertirla en su hogar, probablemente deba hacer una oferta que esté cerca o por encima del precio inicial.

Si cuenta con un agente de compra, él o ella le ayudará a decidir la cantidad a ofrecer. El agente del vendedor intentará conseguir el mejor precio posible.

Los vendedores se comportan de muchas maneras diferentes, en dependencia de su personalidad y de sus circunstancias. Algunos vendedores no rebajarán su precio inicial. Un vendedor que no acepte una oferta por debajo del precio inicial puede considerar hacer mejoras y reparaciones por las cuales, tarde o temprano, el comprador tendría que pagar de todas maneras.

Cuando haga su oferta, el vendedor puede tomar una de estas tres decisiones:

❏ Aceptar la oferta. El vendedor conviene con la oferta, sin hacer cambio ningún.

❏ Rechazar la oferta. El vendedor simplemente rehúsa la oferta. Su agente de bienes raíces o del comprador debe saber por qué la oferta fue rechazada. Si la razón es algo que usted pueda enmendar, puede hacer una nueva oferta.

❏ Hacer una contraoferta. Esta es una respuesta muy común. El vendedor conviene con su oferta, pero decide negociar parte de ella.

El vendedor hará una contraoferta y le señalará los cambios que le propone a su oferta. Ahora es su turno de aceptar o rechazar la contraoferta, o de hacer su propia contraoferta.

Es muy probable que usted y el vendedor lleguen a hacer varias contraofertas. Ambos tienen diferentes objetivos. Usted quiere conseguir la casa por el precio más bajo posible, pero el vendedor quiere obtener una buena ganancia por su inversión.

El agente del vendedor debe conocer el margen de precios que el vendedor está dispuesto a aceptar y las reparaciones que está dispuesto a hacer a fin de vender la casa. El agente puede decirle, o decírselo a su agente, que el vendedor no es probable que acepte su oferta. Pero tenga presente que el agente del vendedor tiene la obligación legal de informar al vendedor de todas las ofertas.

Haga la oferta

En todos sus negociaciones, sea justo, razonable y honesto. Trate al vendedor y sus agentes de la manera que usted querría que lo trataran. A fin de negociar una oferta, el agente debe preparar un *acuerdo reglamentario para la venta de bienes raíces (Standard Agreement for the Sale of Real Estate)*. Una muestra del acuerdo de venta se encuentra en el capítulo 8 y en www.esperanza.us. Es importante advertir que el acuerdo de venta (contrato de venta) pone en marcha todos los detalles del acuerdo entre un comprador y un vendedor para la compra y venta de una propiedad. Cuando ha sido preparado y firmado por el comprador, es una oferta para comprar la propiedad en cuestión. Si el documento es aceptado y firmado por el vendedor, se convierte entonces en un acuerdo de venta.

Su agente lo ayudará a preparar la oferta. La oferta escrita incluirá la siguiente información:

• Completa descripción legal de la propiedad.
• Monto de dinero en depósito.

- Fecha en que espera mudarse.
- Precio que se ofrece.
- Fecha propuesta para el cierre.

Estos puntos en la hoja del cierre son importantes en la medida en que establecen contingencias, son pasos que deben someterse a su aprobación, lo que le permiten abandonar la negociación y no tener que comprar la casa.

- Tiempo de validez de la oferta.
- Las reparaciones o mejoras que han de hacerse.
- El monto y el tipo de la hipoteca.
- Las opciones de la inspección de la vivienda.
- La venta de su casa actual.

Revise el contrato. Cerciórese de que el contrato de compra incluye estos ítems:

❑ La descripción legal de la propiedad y la dirección completa. Esta información la suministra el vendedor. También se puede obtener de pólizas de títulos, deslindamiento de la propiedad y registros públicos en el condado donde la casa está situada.

❑ El monto del adelanto o pago inicial. Usted hará un depósito para garantizarle al vendedor la seriedad de sus intenciones respecto a la compra. Una vez que el contrato esté firmado, el vendedor quitará la casa del mercado. Si usted se retracta del acuerdo, el vendedor puede quedarse con el pago inicial. Si el vendedor se retracta del acuerdo, le reembolsan su dinero. El contrato debe aclarar bajo qué circunstancias ha de reembolsarse el dinero. Usted decide el monto del adelanto (el pago inicial). Su agente puede orientarlo en esta decisión. El vendedor no recibe el dinero directamente. Se le da a un corredor de bienes raíces o se coloca en una cuenta de depósito de garantía *(escrow account)* Cuando usted vaya al cierre, el monto total del adelanto se cuenta para su compra. Esta transacción debe hacerse mediante un cheque. Ninguna transacción en efectivo debe tener lugar.

❑ Un período de tiempo para el contrato. El contrato tiene un período de tiempo claramente establecido, a partir de la fecha de la oferta. Si por alguna razón (el vendedor se encuentra en otra ciudad, fuera del estado, o no está disponible), debe solicitar que se extienda el período de tiempo para facilitar los retrasos en la comunicación. La respuesta a su solicitud debe hacerse por escrito.

❑ A su elección, usualmente pueden concederle hasta dos semanas para llevar a cabo una inspección en la vivienda. Trate de optar por la inspección que le permite renunciar a la compra de la casa aun si el vendedor promete hacer las reparaciones. Usted no quiere sentirse obligado a comprar si un informe de inspección encuentra algo que hace que no desee la casa.

❑ Después de la inspección, usted puede aceptar la propiedad tal como está, pedir una reducción del precio en caso de que haya reparaciones que hacer que no se conozcan en el momento en que usted hizo su oferta o la posibilidad de abandonar la propiedad con la devolución de su depósito.

❑ Pídale al vendedor que le proporcione una lista de contratistas respetables que hayan trabajado en la casa. Esta lista puede resultar útil para obtener información sobre la vivienda antes de la venta y una vez que ésta se haya producido.

❑ El banco ordenará una tasación para cerciorarse de que el precio de venta es compatible con el valor de la propiedad.

Tasación

En este momento, su entidad crediticia querrá asegurarse de que el valor de la casa es suficiente para garantizar el préstamo. La entidad crediticia quiere saber:

❑ ¿Cuál es el valor de la casa?
❑ ¿Es la casa vendible?

La entidad crediticia contratará a un *tasador* profesional, que dará su opinión sobre el valor de la casa. Su entidad crediticia debe permitirle ver el *informe de la tasación*.

Una vez que el banco quede satisfecho de que la propiedad vale su precio, le enviará una carta de compromiso. Una carta de compromiso es una oferta formal de la entidad crediticia en la que especifica las condiciones en que conviene en prestarle dinero al comprador de la casa. La entidad crediticia dará a conocer por escrito la aceptación de la solicitud en forma de un compromiso de préstamo.

Compra del seguro del propietario

Su próximo paso es comprar un *seguro del propietario,* al que también se le llama *seguro de riesgos.* Este seguro protege su casa de pérdidas. El monto de su póliza debe ser igual o mayor que el monto de la hipoteca.

Deberá tener una copia de la póliza y mostrar que ha pagado por el primer año del seguro. Sus pagos de seguro se llaman *primas.* Su cobertura debe comenzar en la fecha del cierre.

Conozca lo que cubre su seguro del propietario

Su seguro del propietario cubrirá su casa, las edificaciones y terrenos de su propiedad que circundan la casa, y las posesiones de su familia en la casa. Esto se llama *seguro de la propiedad.*

Su equipo para la compra de la casa

Su entidad crediticia se ocupará de que tasen la propiedad. Un *tasador* profesional:

- Brinda una opinión profesional sobre el valor de la propiedad.
- Determina que el monto de la hipoteca no es mayor que el valor de la propiedad.

Además, su seguro tendrá *cobertura de responsabilidad civil*. Usted está protegido si por negligencia suya o de miembros de su familia alguien (un tercero) resulta lesionado, o dañada la propiedad de esa persona, ya sea en los terrenos de su propiedad o en cualquier otra parte.

Su equipo para la compra de la casa

Deberá encontrar un *agente de seguros* que puede ayudarlo a elegir el *seguro de propietario* idóneo para la propiedad. Un agente de seguros trabaja para una compañía de seguros. Él o ella:

- Ayuda a encontrar la protección correcta contra pérdidas.
- Le dice cuál será la prima (el costo) del seguro.
- Explica qué clase de seguros exige su entidad crediticia (o prestador).
- Proporciona documentos para probarle al prestador que usted tiene un seguro sobre la propiedad, que entrará en vigor cuando la compra sea definitiva.

He aquí algunos medios de encontrar un agente de seguros:

- Obtenga referencias de amigos, miembros de su familia y compañeros de trabajo.
- Pregúnteles lo que les gustó del agente y que intereses tenían.
- Infórmese acerca de las agencias que sirven a la comunidad donde usted va a comprar. Un agente de seguros con una agencia que presta servicios en la zona donde usted se propone comprar, conocerá y entenderá las propiedades y a la comunidad.
- Llame a la asociación de agentes de seguro de su localidad. Consiga una lista de agentes de seguro en el área donde espera comprar. La bibliotecaria de la biblioteca pública local puede ayudarlo a encontrar esta información.

Entienda los tipos fundamentales de seguro

Antes de encontrar un agente, deberá conocer los diferentes tipos de seguros de protección de accidentes y decidir cuál le viene bien a su casa. Su decisión puede basarse en el clima y otras características de su región. Cada una de las tres pólizas de propiedad diferirá un poco de un proveedor a otro. De ahí por qué es bueno buscar y comparar.

Formulario básico HO-1. Este es el tipo de protección que su entidad crediticia es más probable que le pida. Cubrirá daños y pérdidas causados por incendios, rayos, tormentas y granizo. Cubre daños y pérdidas debido a explosiones, motines, o accidentes en aeronaves o vehículos. Protege contra pérdidas y daños causados por humo, actos de vandalismo, robo, rotura de vidrios y erupciones volcánicas.

Formulario amplio HO-2. Esta cobertura ofrece toda la protección del Formulario Básico HO-1. Además, cubre pérdidas o daños debido al peso de la nieve y el hielo; aumentos de voltaje, mal funcionamiento, paros y salideros en sistemas y aparatos mecánicos; derrumbe de edificios o caídas de objetos.

HO-3, especial (llamado también de *todo riesgo*). Este cubre todas las causas y fuentes de pérdidas y daños que abarquen el HO-1 y el HO-2. Cubre también pérdida y daños ocasionados por todos los demás riesgos. Sin embargo, no se incluyen las pérdidas producidas por ciertos peligros: inundaciones, terremotos, guerra, accidentes nucleares. Si la propiedad que usted está comprando está localizada en una zona que ha sido designada como *terreno aluvial* por el gobierno federal, la entidad crediticia le exigirá que compre un *seguro contra inundaciones.* (Antes de hacer una oferta por la casa, debe saber si está situada en una zona de inundaciones. Asimismo, algunos programas hipotecarios del gobierno no le permitirán que compre una casa situada en un terreno designado como zona de inundaciones). Tenga presente que después que compre la casa, si el gobierno federal designa la zona como un terreno de inundaciones, la entidad crediticia le exigirá que compre un seguro contra inundaciones.

Mantenga todos los seguros al día. Cerciórese de que su seguro de propiedad tenga una *cláusula de inflación.* Con una cláusula de inflación, la compañía de seguros aumentará automáticamente la cobertura en la medida en que el valor de la casa aumente con la inflación. Cerciórese de que su póliza ofrece *costos de nuevos reemplazos,* no el valor de los reemplazos. Igualmente, si usted hace importantes mejoras y renovaciones a su casa, aumente consecuentemente su póliza.

Existen otros tipos de seguro para su casa y posesiones. Las *garantías de vivienda* protegen los sistemas mecánicos de su casa (calefacción, aire acondicionado, agua) y los aparatos conectados a ellos (horno, calentador de agua) por un período de tiempo específico. Esta clase de garantís abarca reparaciones a los sistemas y aparatos que no están cubiertos por su seguro de propietario.

Una *garantía del propietario* cubre reparaciones a una parte específica de la casa, por un tiempo limitado. Esta cobertura es útil si tiene un contratista que hace una reparación o una mejora grande y extensa.

Prepárese para el cierre

HAGA UN ÚLTIMO RECORRIDO POR LA PROPIEDAD. En algunos casos, el vendedor permanece en la casa por un breve tiempo y le paga alquiler al comprador (quien, después del cierre, es el nuevo dueño). Pero usualmente el propietario se muda de la propiedad antes del cierre. En este momento, la propiedad debe estar completamente vacía, excepto de lo que el comprador haya pedido que se incluya en la compra.

Esta es su oportunidad de mirar la propiedad sin muebles u otros objetos. Revise la propiedad por dentro y por fuera. Fíjese cuidadosamente en el trabajo que el vendedor convino en hacer antes de la venta.

Cerciórese, asimismo, de que cualesquier artículos que se suponía se quedaran en la casa (por ejemplo, aparatos electrodomésticos o tratamientos de ventana) estén allí. Cerciórese de que el vendedor haya sacado todas sus pertenencias. Compruebe todos los servicios públicos (gas, electricidad, agua) para ver si se encienden y funcionan.

Si advierte que hay problemas que no se han abordado, o nuevos problemas, tendrá que llamarle la atención sobre esto al vendedor *antes* del cierre. Recuerde, si su contrato de compra especifica que deben hacerse ciertas reparaciones, el vendedor debe hacerlas. Ésta es su última oportunidad de cerciorarse de que la casa está en la condición en que debe estar.

Su equipo para la compra de la casa

Una *compañía de títulos de propiedad* confirma que la propiedad está registrada en regla.

El *seguro del título* protege al comprador y a la entidad crediticia de cualquier disputa tocante a quien poseía la propiedad anteriormente.

La compañía de títulos de propiedad se ocupa de que el título sea transferido del vendedor al comprador en una última reunión formal llamada el *cierre*. El *agente del cierre* dirige la reunión. Él o ella:

- Prepara un seguro de título para proteger al comprador y al vendedor.
- Proporciona un registro de todos los propietarios anteriores.
- Revela cualquier gravamen anteriores que hayan existido contra la propiedad.
- Transfiere las llaves de la propiedad del vendedor al comprador.
- Le proporciona un título o escritura al nuevo propietario.

Puesto que no hay honorarios regulares para los cierres, usted puede ahorrar dinero por este concepto comparando precios entre distintos agentes de cierre. Éstas son algunas de las entidades que actúan como agentes de cierre:

- Entidades crediticias.
- Compañías de títulos de propiedad.
- Compañías de depósitos de garantía.
- Corredores de bienes raíces.
- Abogados (para el comprador o para el vendedor).

También puede recibir ayuda en el cierre: un *abogado de cierre* puede ayudarle a través del proceso.

Esté listo para el cierre

Conozca *la fecha, la hora y el lugar* del cierre. Cerciórese de que tiene la dirección correcta y un número de teléfono al cual llamar si tiene problemas para encontrar el sitio o llegar hasta él. Sepa cómo llegará al lugar. Prepárese para llegar temprano.

Si una emergencia le impide asistir al cierre, póngase en contacto inmediatamente con el agente y la compañía de títulos de propiedad para hacer una nueva cita.

Conozca todos los costos del cierre

Debe conocer también todos los costos del cierre, tanto de los que usted es responsable como de los que es responsable el vendedor.

Una declaración de cierre incluye todos los costos que intervienen en la compra. La RESPA exige que la entidad crediticia le proporcione este informe. Se trata de una declaración detallada de los servicios y cargos relacionados con el cierre de la transferencia de propiedad. En el capítulo 8 encontrará una declaración de cierre *(HUD-1)*.

Conozca qué documentos debe llevar al cierre. Debe tener un cheque certificado para cubrir los costos del cierre. Es aconsejable que el cheque certificado sea por un monto mayor que los costos proyectados para el cierre, ya que puede haber costos adicionales de última hora. Cualquier excedente en su cheque certificado, la será devuelto al cierre por el abogado de cierre o la compañía del título de propiedad. La porción de la hipoteca destinada al cierre le será transferida por cable a la compañía del título antes del cierre o traída al cierre en un cheque certificado del banco o la compañía hipotecaria.

Los costos exactos difieren en cada comunidad, pero estos costos son los usuales:

• Honorarios de abogado.
• Costos por depósito de garantía.
• Impuestos sobre la propiedad (que cubran el último período de impuestos; usted y el vendedor pagará cada uno una porción).

- Interés sobre la hipoteca (a partir de la fecha del cierre hasta 30 días antes de su primer pago mensual de la hipoteca).
- Costo de iniciación del préstamo (esto cubre los costos de la entidad crediticia en el procesamiento de la hipoteca).
- Costo de inscripción (para la escritura o el título).
- Costos de deslindamiento.
- Primera prima del seguro hipotecario.
- Seguro del título (del suyo y de la entidad crediticia).
- Puntos de descuento del préstamo.
- Primer pago a la cuenta de depósito de garantía para seguros.
- Honorarios por la preparación de documentos.
- Honorarios por tasación.
- Honorarios por el informe de crédito.
- Honorarios del notario.
- Honorarios de correo expreso o de mensajería particular.

Asista al cierre

El cierre (the closing) es el momento en que la propiedad se vende formalmente. *Acuerdo (settlement)* es otra palabra que se usa para referirse al cierre. En ese momento, se transfiere la propiedad del vendedor al comprador.

Todas las localidades tienen diferentes reglas y procesos para el cierre. En algunas regiones, todas las partes se reúnen en un lugar y firman documentos al mismo tiempo. En otras regiones, no hay reunión en persona.

¿Qué ocurre en el cierre?

En el cierre, el comprador y el vendedor firman muchos formularios diferentes y brindan muchísima información importante. También pagan los honorarios.

El *agente del cierre* enumerará el dinero que usted le debe al vendedor. Esta cantidad debe ser el resto del pago inicial, los impuestos pagados con antelación y otras partidas. Usted debe recibir crédito por su dinero adelantado.

El agente del cierre enumerará el dinero que el vendedor le debe a usted, tales como impuestos pendientes. El vendedor debe ofrecer las pruebas de cualesquier inspecciones o garantías.

Usted debe presentar pruebas de su seguro de propietario.

Una vez que se sienta satisfecho de que entiende la documentación, firmará la hipoteca. Con su firma está aceptando que la entidad crediticia puede vender la casa si usted no hace sus pagos. También firmará un *pagaré hipotecario*. Ésta es su promesa de reembolsar el préstamo.

En este momento, el vendedor le dará el título de la casa, que será una escritura firmada. La escritura y la hipoteca serán formalmente inscritos en el registro de la propiedad inmobiliaria.

Documentos que recibirá en el momento del cierre

Usted se irá del cierre con los siguientes documentos:

- Declaración de cierre (una lista de todos los servicios que le han prestado y de todos los honorarios que ha pagado).
- Declaración de veracidad en el préstamo emitida por la entidad crediticia.
- Pagaré hipotecario.
- Escritura o título.
- Contrato obligatorio de venta (preparado por el vendedor).
- Llaves para su nueva casa.

¡¡Ya usted es el propietario de su nueva casa!!

¡Celebre su realización!

La compra y posesión de una casa es un paso muy grande e importante en su vida. Para llegar allí, usted trabajó muy duró, aprendió muchas cosas nuevas y tomó decisiones responsables respecto a sus finanzas y a su futuro.

Como propietario, está invirtiendo en usted y en su familia. También está invirtiendo en un vecindario y en la comunidad donde vive.

¡Tómese el tiempo para celebrar este logro con su familia y amigos

¡Bienvenido a su nuevo hogar!

7

¿Cómo protejo mi inversión?

Ahora que ha comprado su casa, debe proteger su inversión.

¿Por qué ha de proteger su inversión?

Cuando usted posee una casa, está haciendo una inversión financiera a largo plazo en usted y en su familia. Tener una casa es una suerte de cuenta de ahorros. Usted aumenta el valor de la cuenta de ahorros mediante depósitos. Cuando usted hace el pago mensual de su hipoteca, está haciendo un depósito en su cuenta. Según amortiza la hipoteca cada mes, se adueña cada vez más de su casa (esto se llama *capital en la propiedad*) *(equity)*.

El primer paso para proteger su inversión y garantizar el pago de su hipoteca, es tener su casa debidamente asegurada y el hacer todos los pagos de impuestos sobre la propiedad.

Su inversión en su casa puede ayudarle a *crear capital*. La mayoría de las casas aumentan de valor con el tiempo, especialmente si los propietarios las conservan bien y participan en el vecindario.

Haga todo lo que pueda para conservar su casa y mantener su valor:

- Haga todos los pagos y controle sus finanzas.
- Participe en la vida de su comunidad.
- Mantenga bien su propiedad por dentro y por fuera.
- Mantenga a su familia y a su casa seguras.

- Ahorre dinero al reducir los costos de energía
- Aumente el valor de su casa haciéndole mejoras.
- Trabaje con un contratista para hacer reparaciones y mejoras.
- Tenga un seguro adecuado en su casa.
- Sepa cómo evitar un juicio hipotecario.
- Guarde todos los recibos.

Haga todos los pagos y controle sus finanzas

Usted ha trabajado duro para ahorrar para comprar su casa y para que le aprobaran la hipoteca. Hizo sus ahorros, vivió con un presupuesto y limitó sus gastos.

Ahora que tiene casa propia, debe seguir controlando sus finanzas de la misma manera. Debe administrar su dinero a favor de la propiedad de su casa.

Debe cerciorarse de que siempre cuenta con dinero suficiente para hacer sus pagos de la hipoteca cada mes. De este modo evitará una *ejecución hipotecaria (foreclosure)*.

❏ Haga todos los pagos mensuales. Haga los pagos a tiempo. Pague el monto total de la hipoteca (capital e interés), impuestos y seguros.

❏ Lea todos los estados de cuenta de la entidad crediticia. Cerciórese de que están correctos. Si ve un error o tiene una duda, póngase en contacto de inmediato con la entidad crediticia.

Haga todos los pagos por servicios públicos (gas, electricidad, agua). Si no paga sus cuentas de servicios públicos, estos se interrumpen. Su casa corre riesgo entonces de sufrir daños graves y costosos.

Debe cerciorarse también de que cuenta con suficiente dinero para mantener su casa en buenas condiciones, por dentro y por fuera. Debe ahorrar dinero para reparaciones de emergencia.

Luego de hacer el cierre, prepare un nuevo *presupuesto.* Cerciórese de que su familia comparte los objetivos de proteger su inversión. Aténgase al presupuesto.

Manténgase al tanto de las noticias financieras y de bienes raíces.

Llegado el momento, usted podrá reducir el pago de su hipoteca mediante una *refinanciación*. Sin embargo, refinanciar es algo que debe hacer con cuidado. Tiene sentido sólo si la tasa de interés hipotecaria ha descendido en más de dos puntos porcentuales y usted se propone conservar su casa durante los próximos 18 meses. Puede que tenga que pagar algunos derechos que ya había pagado en el cierre y puede haber otros costos. Si su hipoteca contempla una *multa por pago adelantado,* el refinanciamiento puede no ser una buena idea.

SEPA CÓMO EVITAR LA EJECUCIÓN HIPOTECARIA Usted puede estar haciéndolo todo bien, pero sus circunstancias pueden cambiar, a veces sin previo aviso. Puede perder una fuente de ingresos o tener inesperadas cuentas médicas.

❑ Divorcio, muerte de un miembro de la familia que contribuye con las finanzas de la casa, o la pérdida de un empleo pueden reducir sus ingresos.
❑ Los costos relacionados con una enfermedad o una lesión pueden ser tan altos que usted no pueda pagar otras cuentas.

Si su familia tiene una crisis que afecta su capacidad de pagar su hipoteca, diríjase inmediatamente a una *agencia de asesoría de viviendas.* La agencia de asesoría de viviendas le ayudará a manejar sus dificultades económicas y a tratar con la entidad crediticia de su hipoteca.

Siempre hay maneras de conservar su casa, o al menos su crédito, y reordenar sus finanzas. Pero usted debe colaborar con la agencia de asesoría de viviendas y con su entidad crediticia.

Cuídese de bribones y oportunistas. Lamentablemente, hay personas que intentan hacer dinero de su desgracia y aprovecharse del pánico o la vergüenza que usted pueda sentir ante la situación.

Evite a cualquiera que lo llame por teléfono o venga a su casa sin invitación. Descarte ofertas que llegan por correo postal o electrónico *(e-mail)* e ignore todos los anuncios que prometen dinero fácil. Si la oferta suena demasiado buena para ser verdad, es probable que no lo sea.

Esté particularmente al tanto de *la treta del capital en la propiedad (equity)*. En esta trampa, un comprador le ofrece saldar la hipoteca si usted traspasa su escritura y se muda de la casa.

Cerciórese de que está al habla con una agencia de asesoría de viviendas certificada por el HUD. Sea particularmente cauto si una agencia de asesoría se pone en contacto con usted. Una agencia de asesoría de vivienda del HUD debe ofrecerle todos los servicios gratis. Si le cobran por los servicios, la agencia puede estar contribuyendo a agravar sus problemas financieros.

Lo más importante, nunca firme nada que usted no entienda o que no le parezca correcto.

Préstamos sobre el capital de la casa

Un *préstamo sobre el capital de la casa (Home Equity Loan)* es un préstamo asegurado por el capital que usted tiene en su casa. Estos préstamos suelen tomarse para hacer reparaciones que puedan ser necesarias en la casa. Sea en extremo cuidadoso cuando obtenga financiamiento para reparaciones a través de una compañía constructora o de finanzas. Tal financiamiento usualmente se lo ofrecen a una tasa de interés mucho más alta que la que pagaría en un banco. A fin de evitar un préstamo leonino, cerciórese de que entiende los términos del préstamo y la manera en que lo va a reembolsar. Recuerde que estos préstamos sobre el capital de la casa están asegurados por la residencia del prestatario.

Comprométase con su comunidad

El vecindario y la comunidad afectan el valor de su casa. Si la comunidad es segura y las casas están en buenas condiciones, la gente querrá vivir allí. Estarán dispuestos a pagar un poco más para comprar o alquilar una casa en la zona. Los negocios querrán estar en la comunidad. El valor de su casa aumentará.

Haga todo lo que pueda para ayudar a aumentar el valor de su casa. Ayude a hacer del vecindario un lugar seguro y atractivo.

- ❏ Conozca a sus vecinos. Participe en actividades comunitarias.
- ❏ Interésese en el vecindario. Únase a la asociación de la comunidad o del barrio. Entérese de los asuntos importantes, ayude a resolver problemas y actúe para ayudar a que no se creen más problemas.
- ❏ Vote sobre los asuntos que afectan a su comunidad.

La calidad de las escuelas en la comunidad afecta el valor de las casas. Cuanto mejor sea la escuela, tanto más familias querrán vivir en la comunidad. Los negocios quieren servir a las familias que viven allí. Aun si no tiene hijos, comprométase en el mejoramiento de las escuelas locales.

Mantenga su propiedad, por dentro y por fuera

Cuando eligió su casa, pensó mucho en el trabajo que tendría que hacer para repararla o mejorarla. También se informó acerca del mantenimiento regular que la casa necesitaría. Usted hizo un plan para el mantenimiento, la reparación y el mejoramiento de su casa a lo largo del tiempo.

Intente evitar serios problemas en el interior y el exterior de su casa haciéndole una revisión completa a su propiedad dos veces al año, en el otoño y en la primavera. Arregle los pequeños problemas antes de que se conviertan en problemas grandes y caros. Por ejemplo, si los fusibles se funden a menudo o los interruptores automáticos se disparan, busque sobrecargas al sistema y haga que un electricista profesional lo mejore.

¿En qué debería fijarse cuando revise su casa?

EN EL INTERIOR:

- ❏ El sótano. Busque huellas de humedad. Revise la ventilación (corrientes de aire), la bomba de sumidero y otros drenajes.
- ❏ Las áreas de convivencia. Busque manchas de agua en los cielos rasos, las paredes y alrededor de las ventanas. Revise las grietas en techos, paredes y esquinas. Fíjese en los sellos de la bañera y la

ducha. Revise el ático o el cielorraso inmediatamente debajo del techo en busca de manchas de agua producto de alguna gotera.

❏ El sistema de calefacción y aire acondicionado. Fíjese si hay tierra o polvo en torno a la caldera. Limpie o cambie el filtro del aire. Haga que revise el sistema una persona de servicio de la compañía que lo instaló.

❏ Las cañerías. Revise las llaves del agua por si tuvieran salideros o goteos. Reemplace las lavadoras viejas. Revise el inodoro: si el agua se mantiene corriendo, revise el mecanismo de descarga.

❏ Revise todos los aparatos electrodomésticos y limpie las áreas que se encuentran detrás y debajo de ellos. Drene el calentador de agua.

❏ El sistema eléctrico. Revise las cajas, las instalaciones lumínicas y los enchufes para detectar cortocircuitos.

❏ Busque señales de plagas de insectos

❏ Revise los detectores de humo. Cámbiele las baterías.

EN EL EXTERIOR:

❏ Los canales y desaguaderos. Limpie los desechos de las canales. Reemplace un desaguadero o una canal vieja o estropeada.

❏ Los cimientos. Cerciórese de que el agua lluvia corre por fuera de la casa.

❏ Las paredes. Detecte pintura desportillada, grietas en los ladrillos, la piedra o el estuco. Cerciórese de si hay daños en la estructura lateral. Revise los bordes de puertas, ventanas y aleros por si hubiese pintura desportillada y madera dañada o podrida. Reemplace las chambranas de madera podrida o de vinilo deterioradas.

❏ El techo. Busque tejas ausentes o gastadas. Busque material de techo dañado o ampollado. Revise los árboles cercanos: sus ramas, ¿rozan o rascan el techo o le cuelgan encima de una manera peligrosa?

❏ El área circundante. Compruebe la salud de los árboles y arbustos. Arranque los árboles y arbustos dañados o podridos. Fíjese que no haya plaga de insectos. Revise el suelo (la tierra) por (si hubiera) alguna contaminación, en el caso de que su propiedad estuviese expuesta a sales o substancias químicas.

Haga todas las reparaciones tan pronto como detecte un problema. Intente ajustarse o adelantarse a su calendario para reemplazar, repintar y reparar. Mantenga el trabajo del jardín (cortando el césped, podando los arbustos, conservando saludables los árboles). Cerciórese de que cuenta con las herramientas idóneas para la reparación (puede causar más daño o lesionarse con las herramientas incorrectas). Aprenda a trabajar con un contratista para hacer grandes reparaciones o proyectos que exijan habilidades profesionales.

Use su seguro de propietario

Sepa cómo y cuando presentar una reclamación a su seguro de propietario. Si su casa o la propiedad circundante está dañada, debe ponerse en contacto con la compañía de seguros y hacer un *reclamación (claim)*. Tenga presente que tendrá un deducible y que el reclamo puede aumentar el costo de su seguro.

Mantenga a su familia y a su casa seguras

Su familia es su posesión más preciada. Su casa es su propiedad más valiosa. Aprenda a conservarlas seguras. También puede reducir su seguro de propietario mediante la instalación de medidas de seguridad.

- ❏ Cambie los cerrojos de la casa cuando se mude. Cerciórese de que todas las ventanas tienen cerrojos.
- ❏ Instale extintores de incendio alrededor de la casa.
- ❏ Haga una lista de los números de emergencia y péguelos junto a cada teléfono.
- ❏ Instale detectores de humo y de monóxido de carbono. Pruebe estos detectores regularmente y cambie las baterías dos veces al año.
- ❏ Compre una escalera de emergencia para los pisos superiores (guarde las escaleras debajo de la cama).
- ❏ Tenga listo y al alcance de la mano un botiquín de primeros auxilios.

❏ Revise su casa en busca de riesgos de incendio o pídale al inspector local de los bomberos que lo haga.

❏ Proteja su propiedad de intrusos. Cierre puertas y ventanas cuando se encuentre fuera. Pode los arbustos donde podría ocultarse un intruso. Ilumine su casa y el jardín. Suspenda la entrega de correspondencia y de periódicos cuando se encuentre fuera. Haga que un vecino, amigo o miembro de la familia vigile su casa cuando esté fuera.

❏ Contemple la instalación de un sistema de alarma contra robos.

❏ Mantenga todos sus documentos importantes en un lugar seguro. Considere guardarlos en una caja fuerte a prueba de incendios que puede tener en su casa. O guárdelos en la bóveda de un banco.

❏ Conozca a sus vecinos. Probablemente los necesitará en una emergencia.

❏ Invite al oficial de relaciones comunitarias del distrito de la policía local a habarle a usted y sus vecinos acerca de los problemas de seguridad en su comunidad.

❏ Únase a la Asociación de Vigilancia del Vecindario, o vigilancia de cuadra, o cree una.

❏ Apoye la compañía voluntaria de emergencia médica y de incendios de su comunidad.

Ahorre dinero reduciendo los costos de energía

Usted puede gastar menos en los servicios públicos si adquiere hábitos que ahorren energía, simplifiquen el mantenimiento y hagan de su casa un lugar donde la energía se aproveche con mayor eficiencia.

A lo largo del tiempo, las pequeñas medidas que usted y su familia tomen para ahorrar energía diariamente se irán sumando y le ahorrarán dinero.

• Apague las luces siempre que salga de una habitación.
• No deje que el agua corra innecesariamente.

El simple mantenimiento lo ayudará a ahorrar costos de energía:

- Arregle los goteos y los salideros en llaves e inodoros.
- Hágale mantenimiento (limpieza y revisión) a su calentador y compresor todos los años.

Haga que su casa aproveche más la energía con estas mejoras:

- Ponga cinta aislante alrededor de puertas y ventanas.
- Instale un cronómetro en su termostato.
- Instale material aislante (del frío) en las paredes de su ático.
- Agréguele protectores contra tormentas a todas las ventanas.
- Reemplace los viejos aparatos electrodomésticos (refrigerador, lavadora, secadora) con otros que usen eficientemente la energía.

Usted puede descubrir más medios para ahorrar dinero y energía. Su compañía de electricidad local y la agencia de energía del estado ofrecen información sobre el ahorro de energía. También ofrecen información sobre donaciones y préstamos a bajo interés para hacer mejoras que aumenten la eficiencia de la energía en la casa.

Añadale valor a su casa al hacerle mejoras

Con el tiempo, usted puede aumentar el valor de su casa al hacerle cambios en el interior y en el exterior y a la propiedad. Renovar la cocina y los baños, añadir roperos y otros espacios de almacenamiento, reemplazar las ventanas antiguas y terminar el sótano le agregarán valor a su casa. Esas mejoras también le harán vivir en una casa que resulte más placentera para su familia.

Mejoras más extensas tales como construirle una adición a su casa, agregar edificaciones externas o construir un garaje cuestan dinero y conllevan una cuidadosa planificación. Su comunidad tendrá reglas respecto a los cambios en las propiedades. Cerciórese de que conoce las reglas y de que tiene la debida autorización necesaria para la obra.

Financie su proyecto. Siempre tenga cuidado de no extender demasiado su capacidad financiera ni resultar víctima de entidades de crédito depredadoras. Debe trabajar con su compañía hipotecaria o con su banco para garantizar el costo. Tendrá que tomar decisiones prudentes. En algunos casos tendrá que renunciar a las necesidades cosméticas (pintar el exterior) en beneficio de las estructurales (reparar una filtración en el techo). Puede valerse de nuestros instrumentos de ayuda sobre financiación en www.esperanza.us

APRENDA A TRABAJAR CON CONTRATISTAS EN REPARACIONES O MEJORAS.

Es muy importante encontrar al profesional idóneo para reparar o mejorar su propiedad. Usted le habrá pedido al propietario anterior una lista de los contratistas y profesionales que han trabajado en la propiedad. Cuando se mude en la casa, pregúntele a sus vecinos acerca de plomeros, electricistas, carpinteros, techadores y otros profesionales que ellos quisieran recomendarle. Pregúntele al personal de su ferretería local si pueden recomendarle a contratistas respetables. Tenga una lista de contratistas y profesionales a mano de manera que pueda usarla en caso de emergencia o cuando esté dispuesto a comenzar un proyecto de reparación o de mejora.

❏ Pídale al contratista que revise la propiedad y las obras que deban hacerse. Pídale al contratista una lista de referencias y lugares donde usted pueda ver su trabajo. Pídale que le muestre la licencia local o estatal para hacer este tipo de obra. Cerciórese de que el contratista tiene un seguro de responsabilidad civil. El seguro debe cubrir lesiones personales y daño a la propiedad.

❏ Háblele a más de un contratista acerca del trabajo. Los contratistas fiables le ofrecerán cálculos estimativos gratis. Pídales que le den la estimación por escrito, con fechas para comenzar y concluir la obra y una firme disposición de hacerlo. No firme ninguna propuesta o cálculos estimativos. Compare precios y sopese lo que cada contratista opinó sobre la obra. Vuelva a hablar con el contratista si tiene dudas o necesita más información.

❏ Una vez que esté seguro de que quiere que el contratista haga la obra, usted y el contratista deberán firmar un contrato. El contrato debe especificar la obra que ha de hacerse, el período de tiempo para la misma, el costo de todos los materiales y del trabajo, y el plan para el pago. Retenga por lo menos el diez por ciento del pago hasta después que el proyecto se termine y usted se sienta satisfecho con la obra.

❏ Algunos proyectos deben garantizarse. Los contratistas deben garantizar la obra por un período de tiempo que sea razonable para el proyecto. Si el contratista instala un producto, cerciórese de obtener la garantía del fabricante del producto.

❏ El contratista ha visto el trabajo de muchos otros contratistas. Si a usted le gusta el trabajo del contratista, pregúntele acerca de otros contratistas y profesionales diferentes que él o ella recomiende. Por ejemplo, ¿conoce el carpintero a un buen electricista o a un buen plomero?

Guarde todos los documentos

Es una buena idea hacer copias de todos los documentos importantes y guardarlos con otros documentos relativos a su casa. Póngalos en una caja de archivo, en una carpeta o en cuadermos de tres anillos.

❏ Guarde sus estados de cuenta hipotecarios en ese archivo.

❏ Guarde los recibos de sus pagos de servicios públicos y de reparaciones a sus sistemas.

❏ Guarde garantías y manuales de instrucciones de sus aparatos electrodomésticos y sus sistemas mecánicos.

❏ Guarde registros de todas las reparaciones y mejoras y las tarjetas de los contratistas.

❏ Guarde todos los documentos (o sus copias), registros e información que necesitaría para hacer una reclamación de seguros o de garantía.

❏ Guarde todos los registros y estados de cuenta que muestren que usted ha hecho los pagos.

❏ Guarde toda la información acerca de la casa y los costos de administrarla.

Tenga presente la información que ha recibido (o que habría querido recibir) del propietario anterior. Guarde esa información.

Tenga presente la información útil que ha recibido de sus vecinos y de otras personas. Conserve esa información de manera que pueda usarla otra vez o compartirla con otro nuevo propietario o vecino.

También debería guardar este libro y cualesquier otros libros y materiales acerca de comprar y tener una casa. Guarde estos materiales en el mismo lugar que su carpeta o cuaderno.

8

¿Cómo son los documentos para comprar una casa?

¿Qué aspecto tienen los documentos relacionados con la compra de una casa?

Casi todos los documentos a que nos hemos referido en este libro pueden verse, en este capítulo, en su forma original. Es importante que usted se acostumbre a ellos y que entienda el papel que estos documentos desempeñan en la adquisición de su nueva vivienda. El equipo que lo ayudará en la compra de su casa está en capacidad y disposición de brindarle explicaciones sobre cualquiera de estos documentos. El único documento de importancia que no aparece en este capítulo es el convenio de venta (*Agreement of Sale*) que resulta demasiado extenso para duplicarlo en el libro. Sepa que todos los documentos que aparecen en este capítulo, incluido el convenio de venta, puede obtenerlos gratuitamente en nuestro cibersitio www.esperanza.us. Le basta con rellenar el formulario y podrá ver y descargar los documentos.

El autor y los editores han querido mantener los documentos que aparecen en el capítulo 8 en su forma original para que el aspirante a propietario se familiarice con ellos, ya que toda la documentación relativa a la compra-venta de inmuebles en Estados Unidos se realiza en inglés.

Lista de gastos domésticos

Instrucciones: Incluya el estimado de sus gastos mensuales en la primera columna.

Gastos mensuales	Cantidad mensual
VIVIENDA	
Alquiler	
Primera hipoteca	
Segunda hipoteca	
Cuotas de asociación	
Gastos sobre la propiedad	
Alquiler de terreno	
Mantenimiento de la casa	
AUTOMÓVIL	
Gasolina	
Mantenimiento: aceite / lubricante / gomas	
Identificaciones del auto / inspección	
COMIDA	
Víveres	
Comidas fuera de casa	
Almuerzos escolares	
Comidas / meriendas en el trabajo	
SERVICIOS PÚBLICOS	
Electricidad / gas / petróleo /propano	
Agua / desague de aguas negras / basura	
Teléfono fijo / celular / *beeper*	
TV por cable / Internet	

(Continúa en la página siguiente)

Lista de gastos domésticos (continuación)

Gastos mensuales	Cantidad mensual
SEGUROS	
De automóvil	
Médico	
De vida	
De inquilinos o de propietarios	
ATENCIÓN MÉDICA	
Medicinas / tratamiento	
Consultas médicas / deducible	
Dental	
Óptica	
CUIDADO INFANTIL	
Guardería infantil / niñera	
Dinero de bolsillo / cosas para los niños	
Pañales / fórmula / artículos para bebés	
Manutención infantil	
PAGOS A PLAZOS	
Pago del automóvil #1	
Pago del automóvil #2	
Préstamos estudiantiles	
Impuestos periódicos : estatales / federales	
Otros pagos a plazos	
DONACIONES DE BENEFICENCIA	
Iglesia / instituciones benéficas	
EDUCACIÓN	
Escuela: matrícula / materiales	

(Continúa en la página siguiente)

Lista de gastos domésticos (continuación)	
Gastos mensuales	Cantidad mensual
ENTRETENIMIENTO	
Libros / periódicos / revistas	
Cine / eventos deportivos / diversiones	
Regalos / fiestas / días feriados / tarjetas	
Vacaciones / viajes	
Bebidas alcohólicas	
Cigarrillos / tabaco	
Pasatiempos / clubes	
Lotería / casinos / bingo	
MISCELÁNEAS	
Herramientas de trabajo / ropas / gastos ocupacionales	
Tintorería / lavandería	
Materiales de limpieza para la casa	
Pasajes de autobús / pasajes en auto compartidos / estacionamiento	
Aseo personal: champú / crema dental, etc.	
Cargos por servicios bancarios / gastos de correo	
Cuidado de los animales domésticos / veterinario / comida / medicinas	
Mantenimiento del césped / de la piscina / seguridad del hogar	
Ahorros / dinero en reserva	
SUBTOTAL	
SERVICIOS POR ADEUDOS	
OTROS	
PAGOS ATRASADOS Y RECARGOS	
TOTAL DE GASTOS	

Servicios por adeudos

PAGOS ATRASADOS Y RECARGOS TOTAL DE GASTOS

Home-Buying Checklist

1. What part of the town (or country) do you want to live in?
   _____

2. What price range can you afford? _____

3. Do you need to consider schools?   Yes ____   No ____
   Specific needs: _____

4. Do you want a new home (less than five years old) or an older
   home? _____

5. What kind of houses are you willing to consider?
   Single ___   Twin ___   Duplex ___   Triplex ___   Fourplex ___
   Mobile ___   One floor ___   Two or more floors ___

6. What kind of buying arrangement are you willing to consider?
   Condo ___   Co-op ___   Lease-purchase ___

7. How much renovation are you willing and able to do?
   A little ___   A lot ___   None ___

8. Do you need to be close to public transportation? _____

9. Do you have any special access needs? _____

10. What do you need or want in a property?

	NEED	WOULD LIKE
Large lot (one-half acre or more)	_____	_____
Small lot (less than one-half acre)	_____	_____
Fenced yard	_____	_____
Garage	_____	_____
Carport	_____	_____
Patio/deck	_____	_____
Other buildings	_____	_____

11. How many bedrooms must you have? _____

12. How many bathrooms do you want? _____

13. How big a house do you need (square feet)? _____

14. What special features do you need (for example, an in-law apart-
    ment, storage, or facilities for animals)? _____
    _____

Ejemplos de cartas

Sample Credit Report   Page 1 of 4

experian®

Online Personal Credit Report from Experian for

Experian credit report prepared for
JOHN Q CONSUMER
Your report number is
1562064065   **1**
Report date:
01/24/2005

Index:
- Potentially negative items
- Accounts in good standing
- Requests for your credit history
- Personal information
- Important message from Experian   **2**
- Contact us

Report number:

You will need your report number to contact Experian online, by phone or by mail.

Experian collects and organizes information about you and your credit history from public records, your creditors and other reliable sources. Experian makes your credit history available to your current and prospective creditors, employers and others as allowed by law, which can expedite your ability to obtain credit and can make offers of credit available to you. We do not grant or deny credit; each credit grantor makes that decision based on its own guidelines.

Index:

Navigate through the sections of your credit report using these links.

Potentially Negative Items   **3**   back to top

Potentially negative items:

Public Records

Credit grantors may carefully review the items listed below when they check your credit history. Please note that the account information connected with some public records, such as bankruptcy, also may appear with your credit items listed later in this report.

MAIN COUNTY CLERK

Address: 123 MAINTOWN S BUFFALO , NY 10000	Identification Number: 1	Plaintiff: ANY COMMISSIONER O.
Status: Civil claim paid.		Status Details: This item was verified and updated on 06-2001.
Date Filed: 10/15/2000 Date Resolved: 01/04/2001	Claim Amount: $200 Liability Amount: NA	
Responsibility: INDIVIDUAL		

Items that creditors may view less favorably. It includes the creditor's name and address, your account number (shortened for security), account status, type and terms of the account and any other information reported to Experian by the creditor. Also includes any bankruptcy, lien and judgment information obtained directly from the courts.

Status:

Indicates the current status of the account.

Credit Items

For your protection, the last few digits of your account numbers do not display.

ABCD BANKS

Address: 100 CENTER RD BUFFALO, NY 10000 (555) 555-5555	Account Number: 1000000....
Status: Paid/Past due 60 days. **4**	

| Date Opened:
10/1997
Reported Since:
11/1997
Date of Status:
01/1999
Last Reported:
01/1999 | Type:
Installment
Terms:
12 Months
Monthly
Payment:
$0
Responsibility:
Individual | Credit Limit/Original Amount:
$523
High Balance:
NA
Recent Balance:
$0 as of 01/1999
Recent Payment:
$0 |

Account History:
60 days as of 12-1998
30 days as of 11-1998

If you believe information in your report is inaccurate, you can dispute that item quickly, effectively and cost free by using Experian's online dispute service located at:

www.experian.com/disputes

Disputing online is the fastest way to address any concern you may have about the information in your credit report.

Sample Credit Report   Page 2 of 4

MAIN COLL AGENCIES

Address:	Account Number:	Original Creditor:
PO BOX 123	0123456789	TELEVISE CABLE COMM.
ANYTOWN, PA 10000		
(555) 555-5555		

Status: Collection account. $95 past due as of 4-2000.

Date Opened:	Type:		Credit Limit/Original Amount:
01/2000	Installment		$95
Reported Since:	Terms:		High Balance:
04/2000	NA		NA
Date of Status:	Monthly		Recent Balance:
04/2000	Payment:		$95 as of 04/2000
	$0		Recent Payment:
Last Reported:	Responsibility:		$0
04/2000	Individual		

Your statement: ITEM DISPUTED BY CONSUMER

Account History:
Collection as of 4-2000

Accounts in Good Standing   [5]   back to top

Accounts in good standing:

Lists accounts that have a positive status and may be viewed favorably by creditors. Some creditors do not report to us, so some of your accounts may not be listed.

AUTOMOBILE AUTO FINANCE

Address:	Account Number:
100 MAIN ST E	12345678996....
SMALLTOWN, MD 90001	
(555) 555-5555	

Status: Open/Never late.

Date Opened:	Type:	[6]	Credit Limit/Original Amount:
01/2000	Installment		$10,355
Reported Since:	Terms:		High Balance:
01/2000	65 Months		NA
Date of Status:	Monthly		Recent Balance:
08/2001	Payment:		$7,984 as of 08/2001
	$210		Recent Payment:
Last Reported:	Responsibility:		$0
08/2001	Individual		

Type:

Account type indicates whether your account is a revolving or an installment account.

MAIN

Address:	Account Number:
PO BOX 1234	1234567899675
FORT LAUDERDALE, FL 10009	

Status: Closed/Never late.

Date Opened:	Type:	Credit Limit/Original Amount:
03/1991	Revolving	NA
Reported Since:	Terms:	High Balance:
03/1991	1 Months	$3,228
Date of Status:	Monthly	Recent Balance:
08/2000	Payment:	$0 /paid as of 08/2000
	$0	Recent Payment:
Last Reported:	Responsibility:	$0
08/2000	Individual	

Your statement:
Account closed at consumer's request

Ejemplos de cartas (continuación)

Requests for Your Credit History   7   back to top

Requests Viewed By Others

We make your credit history available to your current and prospective creditors and employers as allowed by law. Personal data about you may be made available to companies whose products and services may interest you.

The section below lists all who have requested in the recent past to review your credit history as a result of actions involving you, such as the completion of a credit application or the transfer of an account to a collection agency, mortgage or loan application, etc. Creditors may view these requests when evaluating your creditworthiness.

HOMESALE REALTY CO

Address:	Date of Request:
2000 S MAINROAD BLVD STE	07/16/2001
ANYTOWN CA 11111	
(555) 555-5555	
Comments:	

Real estate loan on behalf of 1000 COPRORATE COMPANY. This inquiry is scheduled to continue on record until 8-2003.

ABC BANK

Address:	Date of Request:
PO BOX 100	02/23/2001
BUFFALO NY 10000	
(555) 555-5555	
Comments:	

Permissible purpose. This inquiry is scheduled to continue on record until 3-2003.

ANYTOWN FUNDING INC

Address:	Date of Request:
100 W MAIN AVE STE 100	07/25/2000
INTOWN CA 10000	
(555) 555-5555	
Comments:	

Permissible purpose. This inquiry is scheduled to continue on record until 8-2002.

Requests Viewed Only By You

The section below lists all who have a permissible purpose by law and have requested in the recent past to review your information. You may not have initiated these requests, so you may not recognize each source. We offer information about you to those with a permissible purpose, for example, to:

- other creditors who want to offer you preapproved credit;
- an employer who wishes to extend an offer of employment;
- a potential investor in assessing the risk of a current obligation;
- Experian or other credit reporting agencies to process a report for you;
- your existing creditors to monitor your credit activity (date listed may reflect only the most recent request).

We report these requests **only** to you as a record of activities. We **do not** provide this information to other creditors who evaluate your creditworthiness.

MAIN BANK USA

Address:	Date of Request:
1 MAIN CTR AA 11	08/10/2001
BUFFALO NY 10000	

MAINTOWN BANK

Address:	Date of Request:
PO BOX 100	08/05/2001
MAINTOWNS DE 10000	
(555) 555-5555	

ANYTOWN DATA CORPS

Address:	Date of Request:
2000 S MAINTOWN BLVD STE	07/16/2001
INTOWN CO 11111	
(555) 555-5555	

Requests for your credit history:

Also called "inquiries", requests for your credit history are logged on your report whenever anyone reviews your credit information. There are two types of inquiries.

Requests viewed by others

Inquiries resulting from a transaction initiated by you. These include inquiries from your applications for credit, housing or other loans. They also include transfer of an account to a collection agency. Creditors may view these items when evaluating your creditworthiness.

Requests viewed only by you

Inquiries resulting from transactions you may not have initiated but that are allowed under the FCRA. These include preapproved offers, as well as for employment, investment review, account monitoring by existing creditors, and requests by you for your own report. These items are shown only to you and have no impact on your creditworthiness or risk scores.

Informe de crédito

Sample Credit Report   Page 4 of 4

Personal Information   **8**

The following information is reported to us by you, your creditors and other sources. Each source may report your personal information differently, which may result in variations of your name, address, Social Security number, etc. As part of our fraud-prevention program, a notice with additional information may appear. As a security precaution, the Social Security number that you used to obtain this report is not displayed. The Geographical Code shown with each address identifies the state, county, census tract, block group and Metropolitan Statistical Area associated with each address.

Names:
JOHN Q CONSUMER
JONATHON Q CONSUMER
J Q CONSUMER

Social Security number variations:
999999999

Year of birth:
1954

Employers:
ABCDE ENGINEERING CORP

Telephone numbers:
(555) 555 5555 Residential

Address: 123 MAIN STREET
ANYTOWN, MD 90001-9999
Type of Residence: Multifamily
Geographical Code: 0-156510-31-8840   **9**

Address: 555 SIMPLE PLACE
ANYTOWN, MD 90002-7777
Type of Residence: Single family
Geographical Code: 0-176510-33-8840

Address: 999 HIGH DRIVE APT 15B
ANYTOWN, MD 90003-5555
Type of Residence: Apartment complex
Geographical Code: 0-156510-31-8840

Personal information:

Personal information associated with your history that has been reported to Experian by you, your creditors and other sources.

May include name and Social Security number variations, employers, telephone numbers, etc. Experian lists all variations so you know what is being reported to us as belonging to you.

Address information:

Your current address and previous address(es)

Your Personal Statement   **10**

No general personal statements appear on your report.

Personal statement:

Any personal statement that you added to your report appears here.

Note - statements remain as part of the report for 2 years and display to anyone who has permission to review your report.

Important Message From Experian   back to top

By law, we cannot disclose certain medical information (relating to physical, mental, or behavioral health or condition). Although we do not generally collect such information, it could appear in the name of a data furnisher (i.e., "Cancer Center") that reports your payment history to us. If so, those names display in your report, but in reports to others they display only as MEDICAL PAYMENT DATA. Consumer statements included on your report at your request that contain medical information are disclosed to others.

Contacting Us   back to top

Contact address and phone number for your area will display here.

Modelos de cartas

AGENCIA DE INFORMES DE CRÉDITO (CREDIT REPORTING COMPANY)

Date
Your name
Your address
Your city, state, zip code
Phone #: _____
SS#: _____

Experian Credit Report
National Consumer Assistance Center
P.O. Box 2002
Allen, TX 75013

Dear Credit Bureau:

This letter is a formal request to correct inaccurate information in my credit file maintained by your organization. The item listed below is completely [inaccurate, incorrect, incomplete, erroneous, misleading, outdated] and is a very serious error in reporting.

Line item(s):

1.   List item.
2.   List other items.

Under the federal Fair Credit Reporting Act, credit-reporting agencies are required to maintain and report only 100% accurate credit information and to investigate any claims for inaccuracy within thirty days of receiving such claim(s).

If after your investigation, you find my claim to be valid and accurate, I request that you immediately [delete, correct, update] the item(s) and supply me with a corrected credit profile. On the other hand, if your investigation shows the information to be accurate, I respectfully request that you provide me with proof of the accuracy of the item(s) in question. Additionally, within fifteen days of the completion of your investigation, please forward to me a description of the procedures used to determine the accuracy and completeness of the item(s) in question.

Sincerely,

ROBO DE INDENTIDAD (IDENTITY THEFT)

Date
Your name
Your address
Your city, state, zip code

Complaint Department
Name of Consumer Reporting Company
Address
City, state, zip code

Dear Sir or Madam:

I am a victim of identity theft. I am writing to request that you block the following fraudulent information in my file. This information does not relate to any transaction that I have made. The items also are circled on the attached copy of the report I received. [Identify item(s) to be blocked by name of source, such as creditors or a tax court, and identify the type of item(s), such as a credit account or judgment.]

Enclosed is a copy of the law-enforcement report regarding the theft of my identity. Please let me know if you need any other information from me to block this information on my credit report.

Sincerely,

Your name
[Phone #]
[SS #]

Enclosures: [List what you are enclosing.]

Solicitud de crédito
(Uniform Residential Loan Application)

Uniform Residential Loan Application

This application is designed to be completed by the applicant(s) with the Lender's assistance. Applicants should complete this form as "Borrower" or "Co-Borrower," as applicable. Co-Borrower information must also be provided (and the appropriate box checked) when ☐ the income or assets of a person other than the "Borrower" (including the Borrower's spouse) will be used as a basis for loan qualification or ☐ the income or assets of the Borrower's spouse will not be used as a basis for loan qualification, but his or her liabilities must be considered because the Borrower resides in a community property state, the security property is located in a community property state, or the Borrower is relying on other property located in a community property state as a basis for repayment of the loan.

I. TYPE OF MORTGAGE AND TERMS OF LOAN

Mortgage Applied for:	☐ VA ☐ FHA	☐ Conventional ☐ USDA/Rural Housing Service	☐ Other (explain):	Agency Case Number	Lender Case Number

Amount $	Interest Rate %	No. of Months	Amortization Type:	☐ Fixed Rate ☐ GPM	☐ Other (explain): ☐ ARM (type):

II. PROPERTY INFORMATION AND PURPOSE OF LOAN

Subject Property Address (street, city, state, & ZIP)	No. of Units

Legal Description of Subject Property (attach description if necessary)	Year Built

Purpose of Loan	☐ Purchase ☐ Refinance	☐ Construction ☐ Construction-Permanent	☐ Other (explain):	Property will be: ☐ Primary Residence ☐ Secondary Residence ☐ Investment

Complete this line if construction or construction-permanent loan.

Year Lot Acquired	Original Cost $	Amount Existing Liens $	(a) Present Value of Lot $	(b) Cost of Improvements $	Total (a + b) $

Complete this line if this is a refinance loan.

Year Acquired	Original Cost $	Amount Existing Liens $	Purpose of Refinance	Describe Improvements ☐ made ☐ to be made Cost: $

Title will be held in what Name(s)	Manner in which Title will be held	Estate will be held in: ☐ Fee Simple ☐ Leasehold (show expiration date)

Source of Down Payment, Settlement Charges and/or Subordinate Financing (explain)

III. BORROWER INFORMATION

Borrower	Co-Borrower
Borrower's Name (include Jr. or Sr. if applicable)	Co-Borrower's Name (include Jr. or Sr. if applicable)

Social Security Number	Home Phone (incl. area code)	DOB (MM/DD/YYYY)	Yrs. School	Social Security Number	Home Phone (incl. area code)	DOB (MM/DD/YYYY)	Yrs. School

☐ Married ☐ Separated	☐ Unmarried (include single, divorced, widowed)	Dependents (not listed by Co-Borrower)	☐ Married ☐ Separated	☐ Unmarried (include single, divorced, widowed)	Dependents (not listed by Borrower)

Present Address (street, city, state, ZIP)   ☐ Own ☐ Rent   No. Yrs.   Present Address (street, city, state, ZIP)   ☐ Own ☐ Rent   No. Yrs.

Mailing Address, if different from Present Address

Mailing Address, if different from Present Address

If residing at present address for less than two years, complete the following:

Former Address (street, city, state, ZIP)   ☐ Own ☐ Rent   No. Yrs.   Former Address (street, city, state, ZIP)   ☐ Own ☐ Rent   No. Yrs.

Borrower	IV. EMPLOYMENT INFORMATION	Co-Borrower

Name & Address of Employer   ☐ Self Employed   Yrs. on this job | Name & Address of Employer   ☐ Self Employed   Yrs. on this job

Yrs. employed in this line of work/profession

Position/Title/Type of Business   Business Phone (incl. area code) | Position/Title/Type of Business   Business Phone (incl. area code)

If employed in current position for less than two years or if currently employed in more than one position, complete the following:

Name & Address of Employer   ☐ Self Employed   Dates (from – to) | Name & Address of Employer   ☐ Self Employed   Dates (from – to)

Monthly Income $

Monthly Income $

Position/Title/Type of Business   Business Phone (incl. area code) | Position/Title/Type of Business   Business Phone (incl. area code)

Name & Address of Employer   ☐ Self Employed   Dates (from – to) | Name & Address of Employer   ☐ Self Employed   Dates (from – to)

Monthly Income $

Monthly Income $

Position/Title/Type of Business   Business Phone (incl. area code) | Position/Title/Type of Business   Business Phone (incl. area code)

Freddie Mac Form 65   01/04   Page 1 of 4   Fannie Mae Form 1003   01/04

Solicitud de crédito (continuación)
(Uniform Residential Loan Application)

V. MONTHLY INCOME AND COMBINED HOUSING EXPENSE INFORMATION

Gross Monthly Income	Borrower	Co-Borrower	Total	Combined Monthly Housing Expense	Present	Proposed
Base Empl. Income*	$	$	$	Rent	$	
Overtime				First Mortgage (P&I)		$
Bonuses				Other Financing (P&I)		
Commissions				Hazard Insurance		
Dividends/Interest				Real Estate Taxes		
Net Rental Income				Mortgage Insurance		
Other (before completing, see the notice in "describe other income," below)				Homeowner Assn. Dues		
				Other:		
Total	$	$	$	Total	$	$

* Self Employed Borrower(s) may be required to provide additional documentation such as tax returns and financial statements.

Describe Other Income *Notice:* Alimony, child support, or separate maintenance income need not be revealed if the Borrower (B) or Co-Borrower (C) does not choose to have it considered for repaying this loan.

B/C		Monthly Amount
		$

VI. ASSETS AND LIABILITIES

This Statement and any applicable supporting schedules may be completed jointly by both married and unmarried Co-Borrowers if their assets and liabilities are sufficiently joined so that the Statement can be meaningfully and fairly presented on a combined basis; otherwise, separate Statements and Schedules are required. If the Co-Borrower section was completed about a spouse, this Statement and supporting schedules must be completed about that spouse also.

Completed ☐ Jointly ☐ Not Jointly

ASSETS	Cash or Market Value	Liabilities and Pledged Assets. List the creditor's name, address and account number for all outstanding debts, including automobile loans, revolving charge accounts, real estate loans, alimony, child support, stock pledges, etc. Use continuation sheet, if necessary. Indicate by (*) those liabilities which will be satisfied upon sale of real estate owned or upon refinancing of the subject property.		
Description		LIABILITIES	Monthly Payment & Months Left to Pay	Unpaid Balance
Cash deposit toward purchase held by:	$	Name and address of Company	$ Payment/Months	$
List checking and savings accounts below				
Name and address of Bank, S&L, or Credit Union		Acct. no.		
		Name and address of Company	$ Payment/Months	$
Acct. no.				
Name and address of Bank, S&L, or Credit Union	$			

| Acct. no. | | $ | | $ Payment/Months | $ |

Name and address of Bank, S&L, or Credit Union

| Acct. no. | | $ | Name and address of Company | $ Payment/Months | $ |

Name and address of Bank, S&L, or Credit Union

| Acct. no. | | $ | Name and address of Company | $ Payment/Months | $ |

Stocks & Bonds (Company name/number & description) | $

| Acct. no. | | | Name and address of Company | $ Payment/Months | $ |

Life insurance net cash value | $

Face amount: $

Subtotal Liquid Assets | $

| Acct. no. | | | Name and address of Company | $ Payment/Months | $ |

Real estate owned (enter market value from schedule of real estate owned) | $

Vested interest in retirement fund | $

Net worth of business(es) owned (attach financial statement) | $

Automobiles owned (make and year) | $

| | Acct. no. | |
| Alimony/Child Support/Separate Maintenance Payments Owed to: | | $ |

Other Assets (itemize) | $

Job-Related Expense (child care, union dues, etc.) | $

| | **Total Monthly Payments** | $ |

| **Total Assets a.** $ | Net Worth (a minus b) → $ | **Total Liabilities b.** $ |

Freddie Mac Form 65   01/04   Page 2 of 4   Fannie Mae Form 1003   01/04

Solicitud de crédito (continuación)
(Uniform Residential Loan Application)

VI. ASSETS AND LIABILITIES (cont.)

Schedule of Real Estate Owned (If additional properties are owned, use continuation sheet.)

Property Address (enter S if sold, PS if pending sale or R if rental being held for income)	Type of Property	Present Market Value	Amount of Mortgages & Liens	Gross Rental Income	Mortgage Payments	Insurance, Maintenance, Taxes & Misc.	Net Rental Income
		$	$	$	$	$	$
Totals		$	$	$	$	$	$

List any additional names under which credit has previously been received and indicate appropriate creditor name(s) and account number(s):

Alternate Name	Creditor Name	Account Number

VII. DETAILS OF TRANSACTION

a. Purchase price	$
b. Alterations, improvements, repairs	
c. Land (if acquired separately)	
d. Refinance (incl. debts to be paid off)	
e. Estimated prepaid items	
f. Estimated closing costs	
g. PMI, MIP, Funding Fee	
h. Discount (if Borrower will pay)	
i. Total costs (add items a through h)	
j. Subordinate financing	
k. Borrower's closing costs paid by Seller	
l. Other Credits (explain)	
m. Loan amount (exclude PMI, MIP, Funding Fee financed)	
n. PMI, MIP, Funding Fee financed	
o. Loan amount (add m & n)	

VIII. DECLARATIONS

If you answer "Yes" to any questions a through i, please use continuation sheet for explanation.

	Borrower Yes	Borrower No	Co-Borrower Yes	Co-Borrower No
a. Are there any outstanding judgments against you?	☐	☐	☐	☐
b. Have you been declared bankrupt within the past 7 years?	☐	☐	☐	☐
c. Have you had property foreclosed upon or given title or deed in lieu thereof in the last 7 years?	☐	☐	☐	☐
d. Are you a party to a lawsuit?	☐	☐	☐	☐
e. Have you directly or indirectly been obligated on any loan which resulted in foreclosure, transfer of title in lieu of foreclosure, or judgment? (This would include such loans as home mortgage loans, SBA loans, home improvement loans, educational loans, manufactured (mobile) home loans, any mortgage, financial obligation, bond, or loan guarantee. If "Yes," provide details, including date, name and address of Lender, FHA or VA case number, if any, and reasons for the action.)	☐	☐	☐	☐
f. Are you presently delinquent or in default on any Federal debt or any other loan, mortgage, financial obligation, bond, or loan guarantee? If "Yes," give details as described in the preceding question.	☐	☐	☐	☐
g. Are you obligated to pay alimony, child support, or separate maintenance?	☐	☐	☐	☐
h. Is any part of the down payment borrowed?	☐	☐	☐	☐
i. Are you a co-maker or endorser on a note?	☐	☐	☐	☐
j. Are you a U.S. citizen?	☐	☐	☐	☐
k. Are you a permanent resident alien?	☐	☐	☐	☐
l. Do you intend to occupy the property as your primary residence? If "Yes," complete question m below.	☐	☐	☐	☐

(subtract j, k, l & o from i)

second home (SH), or investment property (IP)?

(2) How did you hold title to the home—solely by yourself (S),
jointly with your spouse (SP), or jointly with another person (O)?

IX. ACKNOWLEDGMENT AND AGREEMENT

Each of the undersigned specifically represents to Lender and to Lender's actual or potential agents, brokers, processors, attorneys, insurers, servicers, successors and assigns and agrees and acknowledges that: (1) the information provided in this application is true and correct as of the date set forth opposite my signature and that any intentional or negligent misrepresentation of this information contained in this application may result in civil liability, including monetary damages, to any person who may suffer any loss due to reliance upon any misrepresentation that I have made on this application, and/or in criminal penalties including, but not limited to, fine or imprisonment or both under the provisions of Title 18, United States Code, Sec. 1001, et seq.; (2) the loan requested pursuant to this application (the "Loan") will be secured by a mortgage or deed of trust on the property described herein; (3) the property will not be used for any illegal or prohibited purpose or use; (4) all statements made in this application are made for the purpose of obtaining a residential mortgage loan; (5) the property will be occupied as indicated herein; (6) any owner or servicer of the Loan may verify or reverify any information contained in the application from any source named in this application, and Lender, its successors or assigns may retain the original and/or an electronic record of this application, even if the Loan is not approved; (7) the Lender and its agents, brokers, insurers, servicers, successors and assigns may continuously rely on the information contained in the application, and I am obligated to amend and/or supplement the information provided in this application if any of the material facts that I have represented herein should change prior to closing of the Loan; (8) in the event that my payments on the Loan become delinquent, the owner or servicer of the Loan may, in addition to any other rights and remedies that it may have relating to such delinquency, report my name and account information to one or more consumer credit reporting agencies; (9) ownership of the Loan and/or administration of the Loan account may be transferred with such notice as may be required by law; (10) neither Lender nor its agents, brokers, insurers, servicers, successors or assigns has made any representation or warranty, express or implied, to me regarding the property or the condition or value of the property; and (11) my transmission of this application as an "electronic record" containing my "electronic signature," as those terms are defined in applicable federal and/or state laws (excluding audio and video recordings), or my facsimile transmission of this application containing a facsimile of my signature, shall be as effective, enforceable and valid as if a paper version of this application were delivered containing my original written signature.

Borrower's Signature   Date   Co-Borrower's Signature   Date

X   X

X. INFORMATION FOR GOVERNMENT MONITORING PURPOSES

The following information is requested by the Federal Government for certain types of loans related to a dwelling in order to monitor the lender's compliance with equal credit opportunity, fair housing and home mortgage disclosure laws. You are not required to furnish this information, but are encouraged to do so. The law provides that a lender may not discriminate neither on the basis of this information, nor on whether you choose to furnish it. If you furnish the information, please provide both ethnicity and race. For race, you may check more than one designation. If you do not furnish ethnicity, race, or sex, under Federal regulations, this lender is required to note the information on the basis of visual observation or surname. If you do not wish to furnish the information, please check the box below. (Lender must review the above material to assure that the disclosures satisfy all requirements to which the lender is subject under applicable state law for the particular type of loan applied for.)

BORROWER	☐ I do not wish to furnish this information.	CO-BORROWER	☐ I do not wish to furnish this information.
Ethnicity: ☐ Hispanic or Latino ☐ Not Hispanic or Latino		**Ethnicity:** ☐ Hispanic or Latino ☐ Not Hispanic or Latino	
Race: ☐ American Indian or ☐ Asian ☐ Black or Alaska Native African American ☐ Native Hawaiian or ☐ White Other Pacific Islander		**Race:** ☐ American Indian or ☐ Asian ☐ Black or Alaska Native African American ☐ Native Hawaiian or ☐ White Other Pacific Islander	
Sex: ☐ Female ☐ Male		**Sex:** ☐ Female ☐ Male	

To be Completed by Interviewer	Interviewer's Name (print or type)		Name and Address of Interviewer's Employer
This application was taken by: ☐ Face-to-face interview ☐ Mail ☐ Telephone ☐ Internet	Interviewer's Signature Date		
	Interviewer's Phone Number (incl. area code)		

Freddie Mac Form 65   01/04   Page 3 of 4   Fannie Mae Form 1003   01/04

Solicitud de crédito (continuación)
(Uniform Residential Loan Application)

Continuation Sheet/Residential Loan Application

Use this continuation sheet if you need more space to complete the Residential Loan Application. Mark **B** for Borrower or **C** for Co-Borrower.

Borrower:

Co-Borrower:

Agency Case Number:

Lender Case Number:

I/We fully understand that it is a Federal crime punishable by fine or imprisonment, or both, to knowingly make any false statements concerning any of the above facts as applicable under the provisions of Title 18, United States Code, Section 1001, et seq.

Borrower's Signature	Date	Co-Borrower's Signature	Date
X		X	

Freddie Mac Form 65   01/04   Page 4 of 4   Fannie Mae Form 1003   01/04

Cálculo estimativo de buena fe
(Good-Faith Estimate)

Lender:
Address:

Applicant(s):

Property Address:

Sales Price:
Base Loan Amount:
Total Loan Amount:
Interest Rate:
Type of Loan:
Preparation Date:
Loan Number:

The information provided below reflects estimates of the charges which you are likely to incur at the settlement of your loan. The fees listed are estimates - actual charges may be more or less. Your transaction may not involve a fee for every item listed. The numbers listed beside the estimates generally correspond to the numbered lines contained in the HUD-1 or HUD-1A settlement statement which you will be receiving at settlement. The HUD-1 or HUD-1A settlement statement will show you the actual cost for items paid at settlement.

800 ITEMS PAYABLE IN CONNECTION WITH LOAN:

801	Origination Fee @	% + $
802	Discount Fee @	% + $
803	Appraisal Fee	$
804	Credit Report	$
805	Lender's Inspection Fee	$
806	Mortgage Insurance Application Fee	$
807	Assumption Fee	$
808	Mortgage Broker Fee	$
810	Tax Related Service Fee	$
811	Application Fee	$
812	Commitment Fee	$
813	Lender's Rate Lock-In Fee	$
814	Processing Fee	$
815	Underwriting Fee	$
816	Wire Transfer Fee	$

900 ITEMS REQUIRED BY LENDER TO BE PAID IN ADVANCE:

901	Interest for days @ $ /day	$
902	Mortgage Insurance Premium	$
903	Hazard Insurance Premium	$
904	County Property Taxes	$
905	Flood Insurance	$

1000 RESERVES DEPOSITED WITH LENDER:

1100 TITLE CHARGES:

1101	Closing or Escrow Fee	$
1102	Abstract or Title Search	$
1103	Title Examination	$
1105	Document Preparation Fee	$
1106	Notary Fee	$
1107	Attorney's Fee	$
1108	Title Insurance	$

1200 GOVERNMENT RECORDING AND TRANSFER CHARGES:

1201	Recording Fee	$
1202	City/County Tax/Stamps	$
1203	State Tax/Stamps	$
1204	Intangible Tax	$

1300 ADDITIONAL SETTLEMENT CHARGES:

1301	Survey	$
1302	Pest Inspection	$

| 1006 | Flood Insurance | $ |

TOTAL ESTIMATED SETTLEMENT CHARGES: $

"S"/"B" designates those costs to be paid by Seller/Broker.
"A" designates those costs affecting APR.

TOTAL ESTIMATED MONTHLY PAYMENT:

TOTAL ESTIMATED FUNDS NEEDED TO CLOSE:

Principal & Interest	$	Down Payment	$
Real Estate Taxes	$	Estimated Closing Costs	$
Hazard Insurance	$	Estimated Prepaid Items / Reserves	$
Flood Insurance	$	Total Paid Items (Subtract)	$
Mortgage Insurance	$	Other	$
Other	$	CASH FROM BORROWER	$
TOTAL MONTHLY PAYMENT	$		

THIS SECTION IS COMPLETED ONLY IF A PARTICULAR PROVIDER OF SERVICE IS REQUIRED. Listed below are providers of service which we required you to use. The charges indicated in the Good Faith Estimate above are based upon the corresponding charge of the below designated providers.

| ITEM NO. | NAME & ADDRESS OF PROVIDER | TELEPHONE NO. | NATURE OF RELATIONSHIP |

These estimates are provided pursuant to the Real Estate Settlement Procedures Act of 1974, as amended (RESPA). Additional information can be found in the HUD Special Information Booklet, which is to be provided to you by your mortgage broker or lender, if your application is to purchase residential property and the Lender will take a first lien on the property.

Applicant _____ Date   Applicant _____ Date

Applicant _____ Date   Applicant _____ Date

☐ This Good Faith Estimate is being provided by a mortgage broker, and no lender has yet been obtained.

Declaración de veracidad en el préstamo
(Truth in Lending Disclosure Statement)

Applicants:

Property Address:

Application No:

Prepared By:

Date Prepared:

ANNUAL PERCENTAGE RATE	FINANCE CHARGE	AMOUNT FINANCED	TOTAL OF PAYMENTS
The cost of your credit as a yearly rate	The dollar amount the credit will cost you	The amount of credit provided to you or on your behalf	The amount you will have paid after making all payments as scheduled
%	$	$	$

☐ REQUIRED DEPOSIT: The annual percentage rate does not take into account your required deposit

PAYMENTS: Your payment schedule will be:

Number of Payments	Amount of Payments **	When Payments Are Due	Number of Payments	Amount of Payments **	When Payments Are Due	Number of Payments	Amount of Payments **	When Payments Are Due
		Monthly Beginning:			Monthly Beginning:			Monthly Beginning:

☐ DEMAND FEATURE: This obligation has a demand feature.

☐ VARIABLE RATE FEATURE: This loan contains a variable rate feature. A variable rate disclosure has been provided earlier.

CREDIT LIFE/CREDIT DISABILITY: Credit life insurance and credit disability insurance are not required to obtain credit, and will not be provided unless you sign and agree to pay the additional cost.

Type	Premium	Signature
Credit Life		I want credit life insurance. Signature:
Credit Disability		I want credit disability insurance. Signature:
Credit Life and Disability		I want credit life and disability insurance. Signature:

INSURANCE: The following insurance is required to obtain credit:
☐ Credit life insurance ☐ Credit disability ☐ Property insurance ☐ Flood insurance

You may obtain the insurance from anyone you want that is acceptable to creditor

☐ If you purchase ☐ property ☐ flood insurance from creditor you will pay $ for a one year term.

SECURITY: You are giving a security interest in:

☐ The goods or property being purchased ☐ Real property you already own.

FILING FEES: $

LATE CHARGE: If a payment is more than   days late, you will be charged   % of the payment

PREPAYMENT: If you pay off early, you
☐ may ☐ will not have to pay a penalty.
☐ may ☐ will not be entitled to a refund of part of the finance charge.

ASSUMPTION: Someone buying your property
☐ may ☐ may not assume the remainder of your loan on the original terms.
☐ may, subject to conditions

See your contract documents for any additional information about nonpayment, default, any required repayment in full before the scheduled date and prepayment refunds and penalties

☐ all dates and numerical disclosures except the late payment disclosures are estimates.

☐ * means an estimate

* * NOTE: The Payments shown above include reserve deposits for Mortgage Insurance (if applicable), but exclude Property Taxes and Insurance.

THE UNDERSIGNED ACKNOWLEDGES RECEIVING A COMPLETED COPY OF THIS DISCLOSURE.

_____ (Applicant) _____ (Date)   _____ (Applicant) _____ (Date)

_____ (Applicant) _____ (Date)   _____ (Applicant) _____ (Date)

_____ (Lender) _____ (Date)

Calyx Form - til.hp (02/95)

Autorización para investigar su crédito
(Authorization to Check Credit)

WAIVER OF PRIVACY—CREDIT CHECK AUTHORIZATION

Agency: _____   Phone: _____

Client's name: _____   Phone: _____

I authorize _____ to request a credit report and to act on my behalf as a third-party negotiator with lenders, landlords, or other appropriate entity in an effort to resolve current or possible future problems. All information pertaining to my case will be kept confidential and shall not be disclosed to any entity without my authorization. I understand that funding sources may review the information contained in the file, as a random review process.

MORTGAGE APPLICANTS: THIS FORM MUST BE SUBMITTED
TO LENDER AT TIME OF APPLICATION.

Counselor's Signature: _____   Phone: _____

Applicant's Signature: _____   Phone: _____

Address: _____

Co-applicant's Signature: _____   Phone: _____

Address: _____

Purchase Address: _____

Counseled or Referred (circle one).

Eligible for OHCD settlement grant?   Yes: _____   No: _____

❑ Counseled: Client completed counseling, including, but not limited to, fair housing law, employment evaluation, credit review, budget and is:

   ❑ Referred & Recommended: Client will be mortgage ready within 90 days.

   ❑ Referred & Not Recommended: Client is not ready for mortgage; additional counseling is needed.

   ❑ Post-Purchase: Client received counseling, which included, but is not limited to: housing care and management, availability to grants and loans, Predatory Lending practice, and referrals as needed.

Default & Delinquency: Client received counseling which included, but is not limited to; communication with the lender to avoid foreclosure, assessment of future financial status, referrals to mortgage assistance programs such as HEMAP, FEMA and HUD's Loss Mitigation, for which the client may be eligible.

Verificación de empleo
(Employment Verification)

Date: _____

To whom it may concern:

_____ has applied for residency (or is a resident) at one of [AGENCY/HOUSING COUNSELING ORGANIZATION] Units. As part of our processing, it is necessary that we obtain verification of his/her employment and anticipated gross annual Income. The applicant/resident hereby authorizes the release of information regarding his/her employment and income.

Please complete the section below and return it in the enclosed self-addressed envelope. (Please mail rather than have the above individual hand-deliver it.) Thank you in advance for your prompt attention.

Signature of Applicant/Resident _____

Signature of Property Manager _____

The Following to Be Completed by Employer

Pay Period (circle one):   weekly, biweekly, or monthly

Employed since: _____

Occupation: _____

Number of hours per week: _____

Hourly rate: _____

Overtime average per pay period: _____

Tips or commissions per pay period: _____

Type of employment (circle one):   full time, part time, temporary, or seasonal

Employer completing form: _____ Title: _____

Employer's signature: _____ Date: _____

If you have any questions please feel free to contact [HOUSING COUNSELOR/AGENT] at [PHONE NUMBER OF COUNSELOR/AGENT].

Pliego comparativo de préstamos hipotecarios
(Mortgage Loan Comparison Worksheet)

	LENDER 1	LENDER 2	LENDER 3
Name of lender			
Name of loan officer			
Phone number			
Date			
Basic information on the loan			
Loan program			
Loan amount requested			
Type of mortgage (fixed-rate, adjustable-rate, or other)			
Minimum down payment required			
Loan term			
Interest rate			
Annual percentage rate			
Points			
Monthly mortgage insurance premiums			
(PMI or MIP)			
How long MI must be kept			
Estimated monthly escrow for taxes and hazard insurance			
Ratios			
Estimated monthly payment (PITI, MI)			
Fees (different lenders have different names for fees and may charge different fees)			
Application fee			
Origination fee			
Processing fee			
Underwriting fee			

	LENDER 1	LENDER 2	LENDER 3
Appraisal fee			
Credit report fee			
Document preparation fee			
Broker fees			
Other fees			
Other loan considerations			
Prepayment penalties			
Is there a prepayment penalty?			
How much is the penaty?			
Rate lock-in			
Is the rate lock-in in writing?			
Is there a fee?			
When does lock-in occur?			
How long will the lock-in last?			
Adjustable-rate loan considerations			
What is the initial rate?			
How long does the initial rate last?			
How frequently does the rate change after the initial period?			
What are the rate caps for the first adjustment, each adjustment after that, and over the life of the loan?			
What index will be used?			
What is the margin?			
What is the highest possible monthly payment?			
Can the loan be converted to a fixed-rate one?			
Cost of conversion option			

Declaración del estado de la propiedad por parte del vendedor (Seller's Property Disclosure Statement)

Property Address:

Seller:

A seller must disclose to a buyer all known material defects about property being sold that are not readily observable. This disclosure statement is designed to assist Seller in complying with disclosure requirements and to assist Buyer in evaluating the property being considered.

This Statement discloses Seller's knowledge of the condition of the property as of the date signed by Seller and is **not a substitute for any inspections or warranties that Buyer may wish to obtain.** This Statement is not a warranty of any kind by Seller or a warranty or representation by any listing real estate broker, any selling real estate broker, or their licensees. Buyer is encouraged to address concerns about the conditions of the property that may not be included in this Statement. This Statement does not relieve Seller of the obligation to disclose a material defect that may not be addressed on this form.

A material defect is a problem with the property or any portion of it that would have a significant adverse impact on the value of the residential real property or that involves an unreasonable risk to people on the land.

1. SELLER'S EXPERTISE Seller does not possess expertise in contracting, engineering, architecture, or other areas related to the construction and conditions of the property and its improvements, except as follows: _____

2. OCCUPANCY

(a) Do you, Seller, currently occupy this property? ☐ Yes ☐ No

If "no," when did you last occupy the property? _____

(b) Have there been any pets living in the house or other structures during your ownership? ☐ Yes ☐ No

If "yes," describe: _____

3. ROOF

(a) Date roof installed: _____   Documented? ☐ Yes ☐ No ☐ Unknown

(b) Has the roof been replaced or repaired during your ownership? ☐ Yes ☐ No

If "yes," were the existing shingles removed? ☐ Yes ☐ No ☐ Unknown

(c) Has the roof ever leaked during your ownership? ☐ Yes ☐ No

(d) Do you know of any problems with the roof, gutters or downspouts? ☐ Yes ☐ No

Explain any "yes" answers that you give in this section: _____

4. BASEMENTS AND CRAWL SPACES (Complete only if applicable)

(a) Does the property have a sump pump? ☐ Yes ☐ No ☐ Unknown

(b) Are you aware of any water leakage, accumulation, or dampness within the basement or crawl space? ☐ Yes ☐ No

If "yes," describe in detail: _____

(c) Do you know of any repairs or other attempts to control any water or dampness problem in the basement or crawl space? ☐ Yes ☐ No

If "yes," describe the location, extent, date, and name of the person who did the repair or control effort: _____

(a) Are you aware of any termite/wood-destroying insect damage, rot, or pest infestation?
(b) Are you aware of any damage to the property caused by termites/wood-destroying insects, dryrot, or pests? ☐ Yes ☐ No
(c) Is your property currently under contract by a licensed pest control company? ☐ Yes ☐ No
(d) Are you aware of any termite/pest control reports or treatments for the property in the last five years? ☐ Yes ☐ No
Explain any "yes" answers that you give in this section, including the name of any service/treatment provider, if applicable:

_____
_____

6. STRUCTURAL ITEMS

(a) _____ ☐ Yes ☐ No

(b) Are you aware of any past or present movement, shifting, deterioration, or other problems with walls, foundations, or other structural components?
☐ Yes ☐ No

(c) Are you aware of any past or present problems with driveways, walkways, patios, or retaining walls on the property? ☐ Yes ☐ No

(d) Is your property constructed with an Exterior Insulating Finishing System (EIFS), such as drivit or synthetic stucco? ☐ Yes ☐ No
☐ Yes ☐ No ☐ Unknown

If "yes," describe any known problems: _____

(e) Are there any defects in flooring, including stains? ☐ Yes ☐ No ☐ Unknown

If "yes," explain: _____
Explain any "yes" answers that you give in this section. When explaining efforts to control or repair, please describe the location and extent of the problem, and the date and person by whom the work was done, if known: _____

7. ADDITIONS/REMODELS Have you made any additions, structural changes, or other alterations to the property? ☐ Yes ☐ No

If "yes," describe: _____

8. WATER AND SEWAGE

(a) What is the source of your drinking water?   ☐ Public Water   ☐ On-Site Water (Well on Property)
☐ Community Water   ☐ None   ☐ Other (explain): _____

(b) If your drinking water source is not public:
When was your water last tested? _____ What was the result of the test? _____
Is the pumping system in working order? ☐ Yes ☐ No
If "no," explain: _____

(c) Do you have a softener, filter, or other purification system? ☐ Yes ☐ No
If "yes," is the system ☐ Leased ☐ Owned ☐

128. SELLER'S PROPERTY DISCLOSURE STATEMENT, 6/01
Version 6.09(5.5), RealFAST® Software Publishing Inc., (c) 2001 Reg# LPAPAR223548, H. Daniel Caparo, Coldwell Banker

COPYRIGHT PENNSYLVANIA ASSOCIATION OF REALTORS® 1997

11/07/01 14:12:19

Page 1 of 4
Seller(s)

Declaración del estado de la propiedad por parte del vendedor (continuación)
(Seller's Property Disclosure Statement)

(d) What is the type of sewage system? ☐ Public Sewer ☐ Individual On-lot Sewage Disposal System
☐ Individual On-lot Sewage Disposal System in Proximity to Well ☐ Community Sewage Disposal System
☐ Ten-acre Permit Exemption ☐ Holding Tank ☐ None ☐ None Available/Permit Limitations in Effect
☐ Other _____

If Individual On-lot, what type? ☐ Cesspool ☐ Drainfield ☐ Unknown ☐ Other (specify): _____
Is there a septic tank on the Property? ☐ Yes ☐ No ☐ Unknown
If "yes," what is the type of tank? ☐ Metal/steel ☐ Cement/concrete ☐ Fiberglass ☐ Unknown
☐ Other (specify): _____

Other type of sewage system (explain): _____

(e) When was the on-site sewage disposal system last serviced? _____
(f) Is there a sewage pump? ☐ Yes ☐ No
If "yes," is it in working order? ☐ Yes ☐ No
(g) Is either the water or sewage system shared? ☐ Yes ☐ No
If "yes," explain: _____

(h) Are you aware of any leaks, backups, or other problems relating to any of the plumbing, water, and sewage-related items?
☐ Yes ☐ No
If "yes," explain: _____

9. PLUMBING SYSTEM
(a) Type of plumbing: ☐ Copper ☐ Galvanized ☐ Lead ☐ PVC ☐ Unknown
☐ Other (explain): _____

(b) Are you aware of any problems with any of your plumbing fixtures (e.g., including but not limited to: kitchen, laundry, or bathroom fixtures; wet bars; hot water heater, etc.)? ☐ Yes ☐ No
If "yes," explain: _____

10. HEATING AND AIR CONDITIONING
(a) Type of air conditioning: ☐ Central Electric ☐ Central ☐ Gas ☐ Wall ☐ None
Number of window units included in sale _____ Location _____
(b) List any areas of the house that are not air conditioned: _____

(c) Type of heating: ☐ Electric ☐ Fuel Oil ☐ Natural Gas ☐ Propane (On-site)
Are there wood or coal burning stoves? ☐ Yes ☐ No If "yes," how many? _____ Are they working? ☐ Yes ☐ No
Are there any fireplaces? ☐ Yes ☐ No If "yes," how many? _____ Are they working? ☐ Yes ☐ No
Other types of heating systems (explain): _____

(d) Are there any chimneys? ☐ Yes ☐ No If "yes," how many? _____ Are they working? ☐ Yes ☐ No

(e) List any areas of the house that are not heated:

(f) Type of water heating: ☐ Electric ☐ Gas ☐ Solar ☐ Other:

(g) Are you aware of any underground fuel tanks on the property? ☐ Yes ☐ No
If "yes," describe:

If tanks are not owned, explain:

(h) Are you aware of any problems with any item in this section? ☐ Yes ☐ No
If "yes," explain:

11. ELECTRICAL SYSTEM   Are you aware of any problems or repairs needed in the electrical system? ☐ Yes ☐ No
If "yes," explain:

12. OTHER EQUIPMENT AND APPLIANCES INCLUDED IN SALE (Complete only if applicable)
Equipment and appliances ultimately included in the sale will be determined by negotiation and according to the terms of the Agreement of Sale.

(a) ☐ Electric Garage Door Opener   No. of Transmitters _____
(b) ☐ Smoke Detectors   How many? _____ Location _____
(c) ☐ Security Alarm System ☐ Owned ☐ Leased   Lease Information

(d) ☐ Lawn Sprinkler   No. _____ ☐ Automatic Timer
(e) ☐ Swimming Pool ☐ Pool Heater ☐ Spa/HotTub
      Pool/Spa Equipment (list):

(f) ☐ Refrigerator ☐ Range ☐ Microwave Oven ☐ Dishwasher ☐ Trash Compactor ☐ Garbage Disposal
(g) ☐ Washer ☐ Dryer
(h) ☐ Intercom
(i) ☐ Ceiling fans   No. _____ Location _____
(j) ☐ Other:

Are any items in this section in need of repair or replacement? ☐ Yes ☐ No ☐ Unknown
If "yes," explain:

13. LAND (SOILS, DRAINAGE, AND BOUNDARIES)
(a) Are you aware of any fill or expansive soil on the property? ☐ Yes ☐ No
(b) Are you aware of any sliding, settling, earth movement, upheaval, subsidence, or earth stability problems that have occurred on or affect the property? ☐ Yes ☐ No

128. SELLER'S PROPERTY DISCLOSURE STATEMENT, 6/01   COPYRIGHT PENNSYLVANIA ASSOCIATION OF REALTORS® 1997
Version 6.09(5.5), RealFAST® Software Publishing Inc., (c) 2001 Reg# LPAPAR223548, H. Daniel Caparo, Coldwell Banker

Declaración del estado de la propiedad por parte del vendedor (continuación)
(Seller's Property Disclosure Statement)

Note to Buyer: The property may be subject to mine subsidence damage. Maps of the counties and mines where mine subsidence damage may occur and mine subsidence insurance are available through:

Washington Road, McMurray, PA   15317 (800) 922-1678 (within Pennsylvania) or (724) 941-7100 (outside Pennsylvania).

(c) Are you aware of any existing or proposed mining, strip-mining, or any other excavations that might affect this property? ☐ Yes ☐ No

(d) To your knowledge, is this property, or part of it, located in a flood zone or wetlands area? ☐ Yes ☐ No

(e) Do you know of any past or present drainage or flooding problems affecting the property? ☐ Yes ☐ No

(f) Do you know of any encroachments, boundary line disputes, or easements? ☐ Yes ☐ No

Note to Buyer: Most properties have easements running across them for utility services and other reasons. In many cases, the easements do not restrict the ordinary use of the property, and Seller may not be readily aware of them. Buyers may wish to determine the existence of easements and restrictions by examining the property and ordering an Abstract of Title or searching the records in the Office of the Recorder of Deeds for the county before entering into an Agreement of Sale.

(g) Are you aware of any shared or common areas (e.g., driveways, bridges, docks, walls, etc.) or maintenance agreements? ☐ Yes ☐ No
Explain any "yes" answers that you give in this section:

14. HAZARDOUS SUBSTANCES

(a) Are you aware of any underground tanks (other than fuel tanks) or hazardous substances present on the property (structure or soil) such as, but not limited to, asbestos, Polychlorinated biphenyls (PCBs), Urea Formaldehyde Foam Insulation (UFFI), etc.? ☐ Yes ☐ No

(b) To your knowledge, has the property been tested for any hazardous substances? ☐ Yes ☐ No

(c) Explain any "yes" answers that you give in this section:

(d) Do you know of any tests for radon gas that have been performed in any buildings on the Property? ☐ Yes ☐ No
If "yes," list date, type, and results of all tests below:

DATE	TYPE OF TEST	RESULTS (picocuries/liter or working levels)	NAME OF TESTING SERVICE

(e) Are you aware of any radon removal system on the Property? ☐ Yes ☐ No
If "yes," list date installed and type of system, and whether it is in working order below:

DATE INSTALLED	TYPE OF SYSTEM	PROVIDER	WORKING ORDER
			☐ Yes ☐ No
			☐ Yes ☐ No
			☐ Yes ☐ No

(f) If Property was constructed, or if construction began, before 1978, you must disclose any knowledge of lead-based paint on the property. Are you aware of any lead-based paint or lead-based paint hazards on the property? ☐ Yes ☐ No
If "yes," explain how you know of it, where it is, and the condition of those lead-based paint surfaces:

(g) If Property was constructed, or if construction began, before 1978, you must disclose any reports or records of lead-based paint on the Property. Are you aware of any reports or records regarding lead-based paint or lead-based paint hazards on the Property? ☐ Yes ☐ No
If "yes," list all available reports and records:

15. CONDOMINIUMS AND OTHER HOMEOWNER ASSOCIATIONS (Complete only if applicable)
Type: ☐ Condominium ☐ Cooperative ☐ Homeowner Association or Planned Community ☐ Other

Notice Regarding Condominiums, Cooperatives, and Planned Communities: According to Section 3407 of the Uniform Condominium Act [68 Pa. C.S. §3407 (relating to resale of units) and 68 Pa. C.S. §4409 (relating to resale of cooperative interests)] and Section 5407 of the Uniform Planned Community Act [68 Pa. C.S. §5407 (relating to resale of units)], a buyer of a resale unit in a condominium, cooperative, or planned community must receive a copy of the declaration (other than the plats and plans), the by-laws, the rules or regulations, and a certificate of resale issued by the association in the condominium, cooperative, or planned community. The buyer will have the option of canceling the agreement with the return of all deposit monies until the certificate has been provided to the buyer and for five days thereafter or until conveyance, whichever occurs first.

16. MISCELLANEOUS

(a) Are you aware of any historic preservation restriction or ordinance or archeological designation associated with the property? ☐ Yes ☐ No

(b) Are you aware of any existing or threatened legal action affecting the property? ☐ Yes ☐ No

(c) Do you know of any violations of federal, state, or local laws or regulations relating to this property? ☐ Yes ☐ No

(d) Are you aware of any public improvement, condominium or homeowner association assessments against the property that remain unpaid or of any violations of zoning, housing, building, safety or fire ordinances that remain uncorrected? ☐ Yes ☐ No

(e) Are you aware of any judgment, encumbrance, lien (for example co-maker or equity loan), overdue payment on a support obligation, or other debt against this property that cannot be satisfied by the proceeds of this sale? ☐ Yes ☐ No

(f) Are you aware of any reason, including a defect in title, that would prevent you from giving a warranty deed or conveying title to the property? ☐ Yes ☐ No

(g) Are you aware of any material defects to the property, dwelling, or fixtures which are not disclosed elsewhere on this form? ☐ Yes ☐ No
A material defect is a problem with the property or any portion of it that would have a significant adverse impact on the value of the residential real property or that involves an unreasonable risk to people on the land.
Explain any "yes" answers that you give in this section: _____

The undersigned Seller represents that the information set forth in this disclosure statement is accurate and complete to the best of Seller's knowledge. Seller hereby authorizes the Listing Broker to provide this information to prospective buyers of the property and to other real estate licensees. SELLER ALONE IS RESPONSIBLE FOR THE ACCURACY OF THE INFORMATION CONTAINED IN THIS STATEMENT. Seller shall cause Buyer to be notified in writing of any information supplied on this form which is rendered inaccurate by a change in the condition of the property following completion of this form.

EXECUTOR, ADMINISTRATOR, TRUSTEE SIGNATURE BLOCK

According to the provisions of the "Real Estate Seller Disclosure Act", the undersigned executor, administrator or trustee is not required to fill out a Seller's Property Disclosure Statement.
The executor, administrator or trustee, must, however, disclose any known material defect(s) of the property.

_____   DATE _____

RECEIPT AND ACKNOWLEDGEMENT BY BUYER

The undersigned Buyer acknowledges receipt of this Disclosure Statement. Buyer acknowledges that this Statement is not a warranty and that, unless stated otherwise in the sales contract, Buyer is purchasing this property in its present condition. It is Buyer's responsibility to satisfy himself or herself as to the condition of the property. Buyer may request that the property be inspected, at Buyer's expense and by qualified professionals, to determine the condition of the structure or its components.

128. SELLER'S PROPERTY DISCLOSURE STATEMENT, 6/01   COPYRIGHT PENNSYLVANIA ASSOCIATION OF REALTORS® 1997
Version 6.09(5.5), RealFAST® Software Publishing Inc., (c) 2001 Reg# LPAPAR223548, H. Daniel Caparo, Coldwell Banker

Declaración de cierre
(Settlement Statement (HUD-1))

A. Settlement Statement

U.S. Department of Housing and Urban Development

OMB Approval No. 2502-0265 (expires 9/30/2006)

B. Type of Loan

1. ☐ FHA   2. ☐ FmHA   3. ☐ Conv. Unins.
4. ☐ VA   5. ☐ Conv. Ins.

6. File Number: 7. Loan Number: 8. Mortgage Insurance Case Number:

C. Note: This form is furnished to give you a statement of actual settlement costs. Amounts paid to and by the settlement agent are shown. Items marked "(p.o.c.)" were paid outside the closing; they are shown here for informational purposes and are not included in the totals.

D. Name & Address of Borrower:

E. Name & Address of Seller:

F. Name & Address of Lender:

G. Property Location:

H. Settlement Agent:

Place of Settlement:

I. Settlement Date:

J. Summary of Borrower's Transaction		K. Summary of Seller's Transaction	
100. Gross Amount Due From Borrower		**400. Gross Amount Due To Seller**	
101. Contract sales price		401. Contract sales price	
102. Personal property		402. Personal property	
103. Settlement charges to borrower (line 1400)		403.	
104.		404.	
105.		405.	
Adjustments for items paid by seller in advance		**Adjustments for items paid by seller in advance**	
106. City/town taxes to		406. City/town taxes to	
107. County taxes to		407. County taxes to	
108. Assessments to		408. Assessments to	
109.		409.	
110.		410.	
111.		411.	
112.		412.	
120. Gross Amount Due From Borrower		**420. Gross Amount Due To Seller**	
200. Amounts Paid By Or In Behalf Of Borrower		**500. Reductions In Amount Due To Seller**	
201. Deposit or earnest money		501. Excess deposit (see instructions)	

202. Principal amount of new loan(s)		502. Settlement charges to seller (line 1400)	
203. Existing loan(s) taken subject to		503. Existing loan(s) taken subject to	
204.		504. Payoff of first mortgage loan	
205.		505. Payoff of second mortgage loan	
206.		506.	
207.		507.	
208.		508.	
209.		509.	
Adjustments for items unpaid by seller		**Adjustments for items unpaid by seller**	
210. City/town taxes to		510. City/town taxes to	
211. County taxes to		511. County taxes to	
212. Assessments to		512. Assessments to	
213.		513.	
214.		514.	
215.		515.	
216.		516.	
217.		517.	
218.		518.	
219.		519.	
220. Total Paid By/For Borrower		**520. Total Reduction Amount Due Seller**	
300. Cash At Settlement From/To Borrower		**600. Cash At Settlement To/From Seller**	
301. Gross Amount due from borrower (line 120)		601. Gross amount due to seller (line 420)	
302. Less amounts paid by/for borrower (line 220)	( )	602. Less reductions in amt. due seller (line 520)	( )
303. Cash ☐ From ☐ To Borrower		**603. Cash** ☐ To ☐ From Seller	

Section 5 of the Real Estate Settlement Procedures Act (RESPA) requires the following: • HUD must develop a Special Information Booklet to help persons borrowing money to finance the purchase of residential real estate to better understand the nature and costs of real estate settlement services; • Each lender must provide the booklet to all applicants from whom it receives or for whom it prepares a written application to borrow money to finance the purchase of residential real estate; • Lenders must prepare and distribute with the Booklet a Good Faith Estimate of the settlement costs that the borrower is likely to incur in connection with the settlement. These disclosures are manadatory.

Section 4(a) of RESPA mandates that HUD develop and prescribe this standard form to be used at the time of loan settlement to provide full disclosure of all charges imposed upon the borrower and seller. These are third party disclosures that are designed to provide the borrower with pertinent information during the settlement process in order to be a better shopper.

The Public Reporting Burden for this collection of information is estimated to average one hour per response, including the time for reviewing instructions, searching existing data sources, gathering and maintaining the data needed, and completing and reviewing the collection of information.

This agency may not collect this information, and you are not required to complete this form, unless it displays a currently valid OMB control number.

The information requested does not lend itself to confidentiality.

Previous editions are obsolete

Page 1 of 2

form **HUD-1** (3/86)
ref Handbook 4305.2

Declaración de cierre (continuación)
(Settlement Statement (HUD-1))

			Paid From Borrower's Funds at Settlement	Paid From Seller's Funds at Settlement
L. Settlement Charges				
700. Total Sales/Broker's Commission based on price $	@	% =		
Division of Commission (line 700) as follows:				
701. $	to			
702. $	to			
703. Commission paid at Settlement				
704.				
800. Items Payable In Connection With Loan				
801. Loan Origination Fee	%			
802. Loan Discount	%			
803. Appraisal Fee	to			
804. Credit Report	to			
805. Lender's Inspection Fee				
806. Mortgage Insurance Application Fee to				
807. Assumption Fee				
808.				
809.				
810.				
811.				
900. Items Required By Lender To Be Paid In Advance				
901. Interest from	to	@$ /day		
902. Mortgage Insurance Premium for		months to		
903. Hazard Insurance Premium for		years to		
904.		years to		
905.				
1000. Reserves Deposited With Lender				
1001. Hazard insurance	months@$	per month		
1002. Mortgage insurance	months@$	per month		
1003. City property taxes	months@$	per month		
1004. County property taxes	months@$	per month		
1005. Annual assessments	months@$	per month		
1006.	months@$	per month		
1007.	months@$	per month		
1008.	months@$	per month		
1100. Title Charges				
1101. Settlement or closing fee	to			
1102. Abstract or title search	to			
1103. Title examination	to			
1104. Title insurance binder	to			
1105. Document preparation	to			

1106. Notary fees   to

1107. Attorney's fees   to

(includes above items numbers:)

1108. Title insurance   to

(includes above items numbers:)

1109. Lender's coverage $

1110. Owner's coverage $

1111.

1112.

1113.

1200. Government Recording and Transfer Charges

1201. Recording fees: Deed $; Mortgage $; Releases $

1202. City/county tax/stamps: Deed $; Mortgage $

1203. State tax/stamps: Deed $; Mortgage $

1204.

1205.

1300. Additional Settlement Charges

1301. Survey   to

1302. Pest inspection to

1303.

1304.

1305.

1400. Total Settlement Charges (enter on lines 103, Section J and 502, Section K)

Estado de cuenta del pago de hipoteca con garantía
(Mortgage Payment Invoice with Escrow)

Nueva Esperanza Inc. Mortgage Company
1234 Main Street
Anytown, USA

[HOME OWNER/BORROWER]
1234 Anytown Street
Anytown, USA

ESCROW ACCOUNT DISCLOSURE STATEMENT This is an Estimate of Activity in Your Escrow Account During the Coming Year Based on Payments Anticipated to Be Made from Your Account.

This is an estimate and may change in the future. You will be notified if these amounts change.

MONTH	PAYMENTS TO ESCROW ACCOUNT	PAYMENTS FROM ESCROW ACCOUNT	DESCRIPTION	ESCROW ACCOUNT BALANCE
Initial Deposit				1,102.50
April	272.25	447.00	Insurance 927.75	
May	272.25	1,200.00		
June	272.25	1,472.25		
July	272.25	1,200.00	Property tax 544.50	
August	272.25	816.75		
September	272.25	1,089.00		
October	272.25	1,361.25		
November	272.25	1,633.50		
December	272.25	1,905.75		
January	272.25	1,620.00	Property Tax 000.00	
			School Tax 558.00	
February	272.25	830.25		
March	272.25	1,102.50		

(Please Keep This Statement for Comparison with Actual Activity in Your Account at the End of the Escrow Accounting Year.)

Cushion selected by servicer $544.50
Number of months for cushion: 2

[Your Monthly Mortgage Payment for the Coming Year will Be $1,250.00, of which $977.75 Will Be for Principal and Interest, $272.25 Will Go into Your Escrow Account, and $ Will Be for Discretionary Items (such as Life Insurance or Disability Insurance) that You Chose to Be Included with Your Monthly Payment.

The Terms of Your Loan May Result in Changes to the Monthly Principal and Interest Payments during the Year.]

Borrower [HOMEOWNER]
2007

- -
Please return this portion with your payment.

FROM: [HOMEOWNER/BORROWER]
        1234 Anytown Street
        Anytown, USA

Invoice # 100
Date: _____

References
File No. XXXX
Loan # xxxx-xxxx
Amount Due: $1,250.00

TO: Nueva Esperanza Inc.
     Mortgage Company
     1234 Main Street
     Anytown, USA

Amount Enclosed:
$

9

El lenguaje de la compra de una casa

Lo que sigue es una lista de términos y acepciones relacionadas con el negocio de la compra-venta de viviendas. Como en todos los idiomas, algunas palabras tienen sentidos que se duplican o se superponen y usted podría encontrar que aquí sucede así. Si bien no podemos abarcar toda la gama del vocabulario, hemos tratado de definir las palabras que se usan con mayor frecuencia. Una copia de estas páginas se puede encontrar en www.esperanza.us.

Acreedor hipotecario *(mortgagee).* La entidad crediticia.

Administración de Veteranos (VA, sigla en inglés). El Departamento de Administración de Veteranos es una agencia federal que garantiza los préstamos que se les hacen a los veteranos. Semejante a un seguro hipotecario, una garantía de préstamo protege a la entidad crediticia contra cualquier pérdida que pueda resultar del incumplimiento del prestatario.

Administración Federal de Viviendas *(Federal Housing Administration)* —(FHA, sigla en inglés). Desde 1934, la FHA ha promovido la tenencia de casas propias por todos los norteamericanos. La FHA ofrece seguros de hipotecas a las entidades crediticias para cubrir la mayoría de las pérdidas que pueden ocurrir cuando un prestatario incumple sus obligaciones. Esto alienta a las entidades crediticias a hacerles préstamos a prestatarios que podrían no reunir las condiciones para hipotecas convencionales.

Agencia de asesoría de viviendas *(housing counseling agency)*. Ofrece asesoría, clases y ayuda a individuos que buscan comprar y vivir en una casa. Un *consejero de vivienda titular* puede ayudar al comprador a través de todo el proceso, desde la planificación hasta la adquisición de la propiedad.

Agente de bienes raíces *(real estate agent)*. Un individuo que trabaja para un corredor de inmuebles y está autorizado para negociar y arreglar ventas de bienes raíces. En algunos estados, una persona con licencia que representa al comprador y recibe una comisión del vendedor.

Agente de bienes raíces colegiado *(realtor)*. Un agente o corredor de bienes raíces que es miembro de la Asociación Nacional de Agentes Inmobiliarios y de sus sucursales estatales y locales.

Agente dual *(dual agent)*. Un agente de bienes raíces que representa tanto al comprador como al vendedor en una transacción.

Agente hipotecario *(mortgage broker)*. Una empresa que origina y procesa préstamos para muchas entidades crediticias diferentes.

Agente listador *(listing agent)*. Un profesional de bienes raíces que tiene un contrato con el vendedor de una casa para anunciar la venta de la propiedad y representar al vendedor cuando se presenten ofertas. (Llamado también el "agente del vendedor".)

Amortización *(amortization)*. El proceso de saldar un préstamo, mediante pagos regulares, a lo largo de un período de tiempo determinado. Un *plan de amortización* es el calendario de pagos durante el tiempo del préstamo (por ejemplo, quince o treinta años); muestra el monto de capital y del interés que cubre cada pago, y el saldo que queda hasta que usted sea dueño de la casa.

Amortización negativa *(negative amortization)*. Condición de pago en el cual los pagos mensuales del prestatario no cubren el interés debido, y en consecuencia aumentan el saldo del préstamo.

Análisis Comparativo de Mercado *(comparative market analysis* —CMA, sigla en inglés). Un análisis escrito de propiedades semejantes que se encuentren actualmente en venta o que se hayan vendido en los últimos seis meses.

Apreciación *(appreciation)*. Un aumento del valor. El valor de una casa puede aumentar debido a cambios en las condiciones del mercado, mejoras que el propietario le haga u otros factores.

Apreciación basada en riesgos *(risk-based pricing)*. Un sistema que evalúa los riesgos de otorgar un préstamo para determinar las tasas de interés y los cargos por préstamos hipotecarios.

Aprobación preliminar *(preapproval)*. Una garantía de que la entidad crediticia le otorgará a un prestatario potencial una cantidad determinada siempre y cuando el prestatario idóneo compre una casa en un cierto período de tiempo y que la casa no esté tasada por encima de la cantidad de dinero para la cual el prestatario ha sido aprobado.

Arrendamiento de tierra *(land lease)*. Un acuerdo por el cual la persona es dueña de la casa, pero tiene en arriendo o alquiler el terreno en el que está construida.

Arriendo-compra (o hipoteca de arriendo-compra) *(lease-purchase or lease-purchase mortgage)*. Un modo de comprar una casa del que a menudo se valen personas de ingresos bajos a moderados para convertirse en propietarios. La persona arrienda (alquila) la propiedad con la opción de comprarla. El alquiler mensual incluye un pago adicional que se deposita en una cuenta de ahorros para ser usado como pago inicial y para los costos de cierre.

Atenuación de pérdida *(loss mitigation)*. Un proceso para evitar la ejecución hipotecaria. La entidad crediticia intenta ayudar al prestatario que no ha podido hacer pagos del préstamo y que, por consiguiente, está en peligro de incurrir en incumplimiento.

Atractivo adicional *(amenity)*. Una característica de la casa o de la propiedad que es un beneficio para el comprador, pero no una necesidad. Un atractivo adicional puede ser algo construido por la mano del hombre (una piscina, un garaje, un jardín) o una condición natural de la propiedad (como el estar situada en las cercanías de un lago o de un parque).

Bancarrota o quiebra *(bankruptcy)*. Un proceso mediante el cual los bienes de una persona se le entregan a un fideicomisario y se venden para saldar deudas importantes. Una persona apela a la bancarrota cuando él o ella debe más de lo que puede pagar o se ve obligado por los acreedores a una quiebra involuntaria.

Banco *(bank).* Una institución que ofrece servicios financieros, tales como cuentas corrientes y de ahorros, préstamos al consumidor, cajas de depósito, inversiones y pago automático de cuentas. Los bancos deben cumplir con las regulaciones estatales y federales.

Banco Federal de Préstamos para Viviendas *(Federal Home Loan Bank)* —(FHLB, sigla en inglés). El sistema del Banco Federal de Préstamos para Viviendas fue creado en 1932 por la ley que lleva este nombre para devolver la confianza en las instituciones financieras de la nación y mejorar el suministro de fondos a las entidades crediticias locales que, a su vez, financian préstamos para hipotecas de viviendas. Desde 1989, la misión del sistema del Banco Federal de Préstamos para Viviendas se ha expandido para incluir préstamos para viviendas a bajo costo y desarrollo comunitario.

Banquero hipotecario *(mortgage banker).* Una compañía que origina préstamos y los vende a entidades crediticias secundarias como Fannie Mae o Freddie Mac.

Busca de título *(title search).* Una indagación en los registros públicos para cerciorarse de que el vendedor es el dueño reconocido de la propiedad y que no existen gravámenes no resueltos ni otras reclamaciones contra la propiedad.

Cálculo estimativo de buena fe *(good-faith estimate).* Un documento de la entidad crediticia en el que se listan los costos anticipados del cierre.

Calificación de la Oficina de Crédito *(credit bureau score).* Usada para determinar la capacidad de una persona de ser apta para un crédito, la calificación de la oficina de crédito es un número que representa la posibilidad de que el prestatario no pudiera saldar el préstamo (que pudiera incumplir). La calificación de la oficina de crédito se basa en el *historial de crédito,* que son los antecedentes de pagos de deudas de una persona. El historial de crédito aparece en el *informe de crédito* de la persona, un registro donde aparecen todas las deudas pasadas y presentes y el saldo de las mismas. Un informe negativo en el informe de crédito refleja pagos morosos, cuentas en agencias de cobranza, gravámenes o juicios.

Calificación o evaluación preliminar *(prequalification)*. Un proceso informal que los prestadores utilizan para calcular el monto de la hipoteca que pueden concederle a un prestatario potencial. Una evaluación preliminar se basa en información no verificada.

Capital *(principal)*. El monto prestado por la entidad crediticia o prestador. Esta cantidad no incluye el interés ni otros cargos.

Capital de trabajo *(sweat equity)*. El usar el propio trabajo de uno para construir o mejorar una propiedad como parte del pago inicial.

Capital en la propiedad *(equity)*. Los intereses financieros adquiridos en una propiedad; o cuánto de la propiedad posee en realidad el comprador. Para calcular el capital en la propiedad, comience con el valor de mercado de la propiedad y substraiga la cantidad que aún debe en la hipoteca. El resultado es su capital en la propiedad.

Capitalización *(capitalization)*. El proceso de aplicar pagos atrasados mensuales al capital pendiente de una hipoteca.

Carta de obsequio *(gift letter)*. Un documento que exige la entidad crediticia si un prestatario recibe los fondos para el pago inicial como un obsequio de otro individuo.

Certificado de título *(certificate of title)*. Un documento provisto por una fuente autorizada (usualmente una compañía de títulos) que muestra que la propiedad pertenece legalmente al actual propietario y quien, por tanto, es legalmente libre de venderlo. El certificado garantiza la tenencia de un *título limpio*. Antes de que el título sea transferido en el cierre, debe estar limpio y libre de todo gravamen y de otras reclamaciones.

Cierre *(closing, settlement)*. El momento en que la propiedad es formalmente vendida y transferida del vendedor al comprador. El cierre (que también se llama un *convenio*) suele ocurrir en una reunión entre el comprador, el vendedor, el agente del cierre y el agente de bienes raíces. El comprador firma la hipoteca y la notificación hipotecaria. El vendedor recibe el pago por la propiedad. El comprador o vendedor (o ambos) paga los *costos de cierre*. El título es transferido del vendedor al comprador.

Cláusula de ajuste proporcional *(escalator clause)*. Una cláusula de una hipoteca que permite un aumento periódico ajustado a ciertas condiciones.

Cláusula de cancelación *(cancellation clause)*. Una cláusula de un contrato que le permite a cualquiera de las partes a rescindir el contrato bajo ciertas condiciones convenidas.

Cláusula de cancelación anticipada *(acceleration clause)*. Una estipulación en la hipoteca que le da a la entidad crediticia el derecho a demandar el pago de la hipoteca completa si no se cumple con el pago de un mes.

Cláusula de pagadero en venta *(due-on-sale clause)*. Estipulación de una hipoteca que le permite a la entidad crediticia exigir el saldo total si el prestatario vende la propiedad.

Código de edificación *(building code)*. Una serie de regulaciones sobre el diseño, la construcción y los materiales usados en un edificio. Un código de edificación se basa en normas de seguridad. Los códigos difieren de un lugar a otro.

Colateral *(collateral)*. Propiedad aceptada como respaldo de un préstamo. El valor de tasación debe ser igual o mayor que el precio de venta.

Comisión *(commission)*. Una cantidad (usualmente un porcentaje del precio de la compra) que el profesional de bienes raíces cobra por su parte en negociar la transacción.

Compromiso *(commitment)*. Un acuerdo por escrito entre una entidad crediticia y un prestatario en que se dice que la entidad crediticia le prestará el dinero al prestatario si éste se compromete a cumplir con las condiciones establecidas. Cuando el solicitante es aprobado para recibir el préstamo, la entidad crediticia le otorga una *carta de compromiso* en la que se consignan esas condiciones.

Condominio o tenencia conjunta *(joint tenancy)*. Una forma de propiedad en la cual dos o más personas tienen un interés igual e indiviso en la propiedad.

Contingencia *(contingency)*. Un evento que debe suceder para que la venta tenga lugar. Una condición que es parte de la oferta en una propiedad.

Contratista *(contractor)*. Un individuo contratado para construir, remodelar o reparar una propiedad. Los contratistas deben tener licencia para ejercer este negocio en particular en la región, y deben tener seguros (estar garantizados).

Contrato *(contract)*. Un acuerdo legal entre dos o más partes.

Contrato de venta condicional *(conditional sales contract)*. Un contrato para la venta de una propiedad en la cual la transferencia del título al comprador es contingente al cumplimiento de ciertas condiciones.

Contrato por escritura *(contract for deed)*. Un tipo de financiación ofrecida por un vendedor, conforme a la cual el comprador hace un pago inicial y hace pagos a plazos al vendedor. El vendedor no transfiere el título hasta que el préstamo ha sido saldado o refinanciado.

Convenio *(covenant)*. Una cláusula de la hipoteca que obliga o restringe al prestatario. La violación del convenio puede dar lugar a una ejecución hipotecaria.

Costos de cierre *(closing costs)*. Los gastos, que varían según la región, sobre el precio de compra de la propiedad; la entidad crediticia debe ofrecer detalles de los costos de cierre cuando el prestatario solicite el préstamo.

Costos de préstamo *(loan fees)*. Costos asociados con el proceso del préstamo.

Crédito rotativo *(revolving credit)*. Un convenio de crédito que permite a los prestatarios pagar la totalidad o parte del saldo mediante un préstamo o una tarjeta de crédito. Al saldar el crédito, éste se hace nuevamente disponible para usarlo en otra compra o en un adelanto de dinero en efectivo.

Cuenta conjunta o mancomunada *(joint account)*. Un acuerdo de crédito con dos personas, donde cada una de ellas es responsable del pago. También una cuenta de ahorros o corriente de dos personas, cada una de las cuales puede depositar o extraer fondos.

Cuenta de 30 días *(open thirty-day account)*. Un acuerdo de crédito en el cual el prestatario acepta prometer que saldará el total debido cada mes.

Cuenta de garantía *(escrow account)*. Una cuenta separada en la cual la entidad crediticia deposita una porción de cada pago mensual de la hipoteca. La entidad crediticia usa esta cuenta para pagar impuestos sobre la propiedad, seguro del propietario y seguro de la hipoteca.

Cuenta de usuario autorizado *(authorized user account)*. Un acuerdo crediticio con una persona que no tiene ninguna responsabilidad legal de pagar pero que está autorizada a hacer cargos contra la cuenta con el permiso del propietario de la misma.

Cuenta en cobranza *(collection account)*. Una cuenta atrasada que el acreedor ha transferido a una agencia profesional de cobranzas.

Deducible *(deductible)*. La cantidad de dinero que el propietario tendría que pagar por daños o pérdida. Por lo general, cuanto más alto es el deducible, más bajo es el costo de la propiedad (también se le llama **gastos de bolsillo**).

Dejación de bienes *(abandonment)*. Renuncia de todos los derechos de una propiedad.

Depósito *(deposit)*. Un pago de dinero en efectivo hecho por un posible comprador para demostrar que su oferta es seria.

Depreciación *(depreciation)*. Un decremento en el valor de la propiedad a lo largo del tiempo debido a cambios en las condiciones del mercado, uso y deterioro u otros factores.

Desarrollo de unidades planificadas *(planned unit development —PUD, sigla en inglés)*. Un tipo de propiedad que es parte de una subdivisión, que tiene áreas comunes para uso de los residentes y que se mantienen mediante cuotas pagadas a la asociación de propietarios. Usualmente el propietario posee tanto la vivienda como la tierra sobre la que ésta se alza.

Deslindamiento *(survey)*. Una medición profesional de la propiedad. Un deslindamiento profesional da lugar a un diagrama de la propiedad que indica sus fronteras legales, derechos de vía, intrusiones, sitios que han sufrido mejoras y otros aspectos de la propiedad.

Deuda *(debt)*. Una suma de dinero debida, que debe pagarse por un expreso acuerdo.

Deudas pendientes *(arrears)*. Deudas, pago de deudas o facturas como el alquiler demasiado atrasadas.

Deudor hipotecario *(mortgagor)*. El prestatario.

Dinero en garantía *(earnest money)*. Dinero adelantado (depósito) o pago inicial que hace un posible comprador para mostrar que se interesa seriamente en adquirir la propiedad. Si el vendedor acepta la oferta, el dinero en garantía se convierte en parte del pago inicial. Si el vendedor declina la oferta, devolverá este dinero. Si el comprador se retira del acuerdo, pierde el dinero en garantía.

Dispensar *(waive)*. Renunciar a una reclamación o a un derecho. Un acuerdo por escrito en el que se renuncia a una reclamación o un derecho es una *dispensa (waiver)*.

Divulgación o revelación *(disclosure)*. El vendedor está obligado por la ley federal o estatal a ofrecer información sobre la propiedad que vende, especialmente de los defectos que pueda tener, así como de problemas reales o potenciales.

Ejecución hipotecaria *(foreclosure)*. El proceso legal en el cual una propiedad hipotecada se vende para pagar el préstamo de un prestatario incumplidor.

Embargo *(attachment)*. La confiscación legal de la propiedad o los ingresos de un deudor para satisfacer una obligación financiera.

En venta por el propietario *(for sale by owner)*. Una casa que se pone a la venta sin la mediación de un agente de bienes raíces.

Entidad crediticia aprobada *(approved lender)*. Una institución financiera aprobada por una entidad aseguradora de préstamos.

Entidad crediticia o prestador *(lender)*. La entidad o persona que ofrece el préstamo hipotecario (llamado también una *hipoteca*).

Escritura *(deed)*. Un documento legal del título de una propiedad. También se le conoce por *escritura de concesión (grant deed)* o escritura de garantía *(warranty deed)*.

Escritura de fideicomiso *(deed of trust)*. Una alternativa a la hipoteca en algunos estados. Una tercera parte guarda la escritura de la propiedad como un depósito hasta que el prestatario ha saldado el préstamo (También se llama **escritura en fideicomiso**).

Escritura en lugar de ejecución hipotecaria *(deed-in-lieu foreclosure)*. Un acuerdo conforme al cual un prestatario incumplidor le da a la entidad crediticia la escritura y las llaves y abandona la propiedad a cambio de que le condonen el préstamo.

Especificaciones *(specification)*. Una descripción detallada del tamaño, la forma, los materiales y otros detalles de una construcción o un proyecto de remodelación.

Estado de cuenta anual de la hipoteca *(annual mortgage statement)*. Cada año, el propietario debe recibir un informe sobre la hipoteca, en el cual le detallarán los impuestos e intereses pagados, y el resto del capital que queda por saldar.

Evaluación automática *(automated underwriting)*. Un método basado en operaciones de computadora que las entidades crediticias de hipotecas utilizan para procesar y aprobar (o denegar) rápidamente las solicitudes de crédito. Este proceso se vale de notaciones o puntajes de crédito y otra información sobre el prestatario.

Extracto del título *(abstract of title)*. Un resumen de las inscripciones públicas relacionadas con el título de una propiedad. Una compañía aseguradora de títulos o un abogado revisan los extractos para determinar si existe algún problema que deba aclararse antes de que el comprador cierre el trato. El título debe ser limpio, mercadeable y asegurable.

Factor de interés *(interest factor)*. Lo que cuesta prestar cada $1.000 (mil dólares) de un préstamo hipotecario, en base a la tasa de interés y a la duración del préstamo.

Fannie Mae *(National Mortgage Association —FNMA, sigla en inglés)*. La Asociación Nacional Federal Hipotecaria, una empresa, propiedad de accionistas privados, autorizada a operar en todo el país. Fannie Mae compra hipotecas residenciales y las convierte en valores para venderlos a inversionistas. Al comprar hipotecas, Fannie Mae suple de fondos a las entidades crediticias para que puedan ofrecer más prestamos.

Fraude de préstamo *(loan fraud)*. Dar deliberadamente información incorrecta en una solicitud de préstamo a fin de obtenerlo. El fraude de préstamo puede dar lugar a la imposición de penas por responsabilidad civil o criminal.

Freddie Mac *(Federal Home Loan Mortgage Corporation* —(FHLMC, sigla en inglés). Una corporación autorizada a operar en todo el país que compra hipotecas residenciales, las convierte en valores y las vende a inversionistas. Esto le proporciona a las entidades crediticias fondos para servir a nuevos compradores de viviendas.

Garantía de la vivienda *(home warranty)*. Ofrece protección por los sistemas mecánicos y aparatos añadidos (por ejemplo, el sistema de calefacción y el calentador de agua) contra reparaciones inesperadas no cubiertas por el seguro del propietario. La cobertura es por un tiempo específico y no incluye la estructura de la casa.

Gasto fijo *(fixed expense)*. Un gasto que no cambia de un período a otro, tal como el pago de un préstamo o del alquiler.

Gastos flexibles *(flexible expenses)*. Los gastos que cambian de un mes a otro, tales como víveres y artículos personales.

Ginnie Mae *(Government National Mortgage Association* —GNMA, en inglés). Corporación gubernamental supervisada por el Departamento de Vivienda y Desarrollo Urbano de EE.UU. Ginnie Mae amalgama préstamos asegurados por la FHA y garantizados por la Administración de Veteranos para respaldar valores dedicados a inversiones privadas. El ingreso les permite a las entidades crediticias otorgarles préstamos a nuevos compradores de casas.

Gravamen *(lien)*. Una retención o reclamo legal de una persona o entidad sobre la propiedad de otra como garantía de deuda; un cargo que puede aparecer en un informe de crédito como documento público. Un gravamen debe estar satisfecho al tiempo de venderse la propiedad.

Hipoteca *(mortgage)*. Un gravamen sobre la propiedad que garantiza la promesa de pagar un préstamo.

Hipoteca asumible *(assumable mortgage)*. Una hipoteca que puede ser transferida de un vendedor a un comprador. Una vez que el comprador asume el préstamo, el vendedor ya no es responsable de saldarlo. El proceso de transferencia de vendedor a comprador usualmente incluye un costo y una oferta de crédito.

Hipoteca con tasa de interés ajustable *(adjustable-rate mortgage* —ARM, sigla en inglés). Un préstamo hipotecario cuya tasa de interés cambia (o se ajusta) cuando cambian las tasas de interés generales. La tasa se ajusta en momentos específicos en base a un índice económico nacional y al margen de la entidad crediticia. Cuando las tasas cambian, los pagos mensuales pueden aumentar o disminuir en ocasiones determinadas por la entidad crediticia. Usualmente existe un tope (un límite) en el cambio que afecta la tasa de interés.

Hipoteca convertible *(convertible mortgage)*. Una hipoteca de tasa ajustable (ARM) que puede convertirse en una hipoteca de tasa fija bajo ciertas condiciones.

Hipoteca de ahorro de energía *(energy-efficient mortgage* —EEM, sigla en inglés). Un programa federal de la FHA que ayuda a los compradores de vivienda a ahorrar dinero en cuentas de servicios públicos. Como parte de la compra, los que adquieren una vivienda pueden financiar el costo de añadir características o aparatos que ahorren energía en una casa nueva o en una ya existente.

Hipoteca de pago gradual *(graduated payment mortgage)*. Un préstamo que comienza con pequeños pagos mensuales, después aumenta gradualmente durante cierto período de años y luego permanece fijo por el tiempo que resta del préstamo.

Hipoteca de rehabilitación *(rehabilitation mortgage)*. Una hipoteca que cubre el costo de rehabilitar (reparar o mejorar) una propiedad. Algunas hipotecas de rehabilitación (por ejemplo, la 203 (k) de la FHA), permiten al prestatario combinar el costo de rehabilitación y de compra de la casa en un solo préstamo hipotecario.

Hipoteca de tasa fija *(fixed-rate mortgage)*. Una hipoteca en la cual los pagos siguen siendo los mismos durante la duración del préstamo.

Hipoteca en dos pasos *(two-step mortgage)*. Un tipo de hipoteca de tasa ajustable que tiene una tasa de interés para un específico período de tiempo y otra para el resto del período del préstamo.

Historial de crédito no tradicional *(nontraditional credit history)*. Registro del rendimiento de crédito que se muestra con recibos y matrices de cheques por pagos a dueños de casa, compañías de servicios públicos y proveedores de atención infantil. El crédito no tradicional es útil para los solicitantes que carecen de historial crediticio adquirido a través de préstamos u otras formas de crédito.

Departamento de Vivienda y Desarrollo Urbano de los Estados Unidos *(U.S. Department of Housing and Urban Development* —HUD, sigla en inglés). Entidad del gobierno federal. Desde 1965, el HUD ha laborado para crear ambientes decentes y habitables para todos los norteamericanos. El HUD pone en vigor las leyes de vivienda y mejora y desarrolla las comunidades.

HVAC. Sigla en inglés que abrevia calefacción, ventilación y aire acondicionado *(heating, ventilation and air conditioning)*. Se trata del sistema de calefacción y enfriamiento de la casa (un sistema mecánico).

Impedimento *(encumbrance)*. Un derecho o interés legal en una propiedad que afecta un título limpio y disminuye el valor de la propiedad. El impedimento puede ser un gravamen, una hipoteca, una ordenanza zonal, u otra reclamación. No impide legalmente la transferencia. Si la indagación de un título revela un impedimento, el comprador debe decidir si toma la propiedad e intenta resolver el impedimento.

Impuesto a la transferencia *(transfer tax)*. Impuesto estatal o local que se paga cuando el título se transfiere de un propietario a otro.

Incumplimiento *(default)*. El dejar de hacer los pagos de un préstamo en la fecha debida. El no cumplir con las obligaciones financieras pueda dar lugar a una ejecución hipotecaria sobre el préstamo.

Índice *(index)*. Una medida que usan las entidades crediticias para determinar cualesquier cambios en las tasas de interés impuestas a las hipotecas de tasa ajustable (ARM).

Indulgencia *(forbearance).* Un acuerdo tomado por la entidad crediticia para permitirle a un prestatario incumplidor que pase por alto completamente uno o más pagos y luego los haga más adelante conforme a un plan de pagos.

Indulgencia especial *(special forbearance).* Una opción para mitigar pérdidas. La entidad crediticia prepara un plan de reembolsos revisado para el prestatario; el plan puede incluir una reducción o suspensión temporal de los pagos mensuales de la hipoteca.

Inflación *(inflation).* Durante los períodos de inflación, el número de dólares en circulación es mayor que la cantidad de bienes y servicios que se pueden comprar. La inflación conduce a una reducción del poder adquisitivo del dólar.

Informe de operación de cierre *(HUD-1 statement).* Una lista detallada de todos los costos del cierre. Debe dársele al prestatario en el momento del cierre, o antes. (También se le conoce como *hoja del cierre.*)

Informe de operación de cierre *(settlement statement).* Un documento exigido por la RESPA. Se trata de una declaración detallada de los servicios y cargos relacionados con el cierre de la transferencia de propiedad. (Al que también se le llama Declaración del cierre HUD-1 y Declaración del cierre uniforme).

Ingreso bruto *(gross income).* Dinero ganado antes de descontar los impuestos y otras deducciones.

Ingreso discrecional *(discretionary income).* El monto de dinero que queda al cabo del mes luego de sustraídos los gastos regulares del dinero que se trae a casa.

Ingreso neto *(net income).* El ingreso del prestatario una vez deducido el impuesto federal sobre las ganancias y otras deducciones.

Iniciación *(origination).* El proceso de preparar, presentar y evaluar una solicitud de préstamo. La iniciación usualmente incluye una verificación de crédito, una verificación de empleo y una tasación de la propiedad que se va a comprar. **La trifa de iniciación** es el cargo por procesar el préstamo; este cargo usualmente se calcula en forma de puntos (un porcentaje del monto del préstamo) y se paga en el cierre.

Inspección de vivienda *(home inspection)*. Un examen de la estructura y de los sistemas mecánicos para verificar la seguridad de la casa y hacer cualquier reparación que fuera necesaria. La inspección de vivienda la lleva a cabo un *inspector de vivienda autorizado*.

Interés. Un cargo que se cobra por prestar dinero.

Interés asegurado *(lock-in)*. Un acuerdo por escrito en el que se le garantiza al comprador una tasa de interés específico, siempre que el préstamo se cierre dentro de un período de tiempo determinado. Esto es parte del compromiso del préstamo.

Intrusión *(encroachment)*. Una obstrucción, construcción o parte de una construcción que traspasa los linderos legales de un terreno público o privado contiguo, o un edificio que se extiende más allá de la línea de edificación.

Juicio *(judgment)*. Una decisión legal. Cuando una decisión legal exige el saldo de una deuda, puede incluir un gravamen de la propiedad, lo cual garantiza la reclamación del acreedor, porque es una fuente colateral. Un juicio puede incluirse en un informe de crédito.

Ley de Equidad de Informes de Crédito *(Fair Credit Reporting Act)*. Una ley de protección al consumidor que regula cómo han de divulgarse los informes de crédito.

Ley de Equidad de Vivienda *(Fair Housing Act)* Una ley que prohíbe la discriminación en todas las etapas del proceso de comprar una casa basada en la raza, el color, el origen nacional, la religión, el sexo, el estado civil o una discapacidad.

Ley de Igualdad de Oportunidades de Crédito *(Equal Credit Opportunity Act)*. (ECOA, sigla en inglés). Ley federal que prohíbe a las entidades crediticias denegar hipotecas en base a raza, color, religión, origen nacional, edad, sexo o estado civil.

Ley de Reinversión Comunitaria *(Community Reinvestment Act —CRA, sigla en inglés)*. Una ley federal que exige de las entidades crediticias que respondan a las necesidades de crédito de sus comunidades locales.

Ley para el Proceso de Liquidación de Bienes Raíces *(Real Estate Settlement Procedure Act* —RESPA, sigla en inglés). Una ley federal que protege a los consumidores de ser víctimas de abusos durante la compra de bienes raíces y el proceso de préstamo. Esta ley exige que todos las entidades crediticias revelen todos los costos del cierre, así como sus prácticas y relaciones.

Línea de crédito sobre el capital en la propiedad *(home equity line of credit).* Un tipo de préstamo que le permite al propietario de una vivienda obtener el dinero con cheques o una tarjeta de crédito. La propiedad sirve de respaldo colateral para el préstamo.

Línea de edificación *(building line).* La distancia desde los linderos del terreno, o propiedad, más allá de la cual la edificación no puede extenderse. La línea de edificación se establece mediante restricciones incluidas en la escritura, códigos de edificación u ordenanzas de zona.

Margen *(margin).* Un margen es una cantidad porcentual fijada y dada a conocer por una entidad crediticia. Se añade a la tasa del índice vigente para calcular la tasa de interés en una hipoteca de tasa ajustable (ARM) en el aniversario de la hipoteca.

Mercado secundario *(secondary market).* Inversores que compran hipotecas residenciales iniciadas por entidades crediticias primarias; esta compra proporciona dinero a las entidades crediticias para futuros préstamos.

Modificación de préstamo *(loan modification).* Un acuerdo entre una entidad crediticia y un prestatario incumplidor para cambiar las condiciones del préstamo.

Modificación hipotecaria *(mortgage modification).* Una opción de benevolencia o atenuación que le permite al prestatario refinanciar o extender el término del préstamo hipotecario y de este modo reducir los pagos mensuales.

Multa por pago anticipado *(prepayment penalty).* Un cargo que se impone a un préstamo si el prestatario salda el préstamo antes de la fecha debida.

Obligación *(binder).* Una oferta que está asegurada por un depósito (a veces llamado dinero en garantía) o pago inicial.

Oferta *(offer)*. La intención de un posible comprador, usualmente presentada por escrito, de que está en disposición de comprar una propiedad por un precio específico.

Otorgamiento de préstamo de primera clase *(prime lending)*. Préstamos otorgados a prestatarios con historiales de crédito muy respetables. Los préstamos de primera clase usualmente se llaman créditos A.

Otorgamiento de préstamo de segunda clase *(subprime lending)*. Un tipo de préstamo que depende de una apreciación basada en riesgos. Sirve a los prestatarios que no pueden obtener crédito en el mercado de primera clase, donde mayores riesgos para los prestatarios conllevan costos más altos para los préstamos. A los préstamos de segunda clase con frecuencia se les llaman créditos de *A a D*.

Pagaré *(note* or *promissory note)*. Una promesa puesta por escrito por una de las partes para pagar una suma específica de dinero a una segunda parte bajo las condiciones convenidas mutuamente.

Pago adicional *(buydown)*. Una suma de dinero pagada a una entidad crediticia en el cierre para reducir los pagos mensuales del prestatario por un período específico de tiempo.

Pago anticipado *(prepayment)*. Pagar cada mes una cantidad mayor de la debida para amortizar un préstamo hipotecario a fin de saldar el préstamo antes y ahorrar dinero en intereses.

Pago inicial *(down payment)*. La cantidad de dinero en efectivo que adelanta un prestatario; el pago inicial no es parte del préstamo hipotecario, sino que usualmente es un porcentaje del precio total de la compra.

PITI. Sigla en inglés de *Principal, Interest, Taxes and Insurance* (capital, interés, impuestos y seguros). Estas son las cuatro partes de un pago hipotecario mensual.

Plan de pagos *(payment plan)*. Un acuerdo con una entidad crediticia en la cual el prestatario promete resarcir cualquier pago atrasado mediante un pago completo y un pago parcial cada mes hasta que los pagos hipotecarios atrasados se salden.

Plazo de un préstamo *(loan term)*. El período de tiempo de que el prestatario dispone para saldar el préstamo.

Posesión (pl. bienes) *(asset)*. Cualquier cosa que usted posea que pueda ser vendida o cambiada; cualquier cosa con valor comercial.

Préstamo *(loan)*. Dinero que se pide prestado y que usualmente se paga con interés.

Préstamo asegurado *(chattel)*. Un préstamo asegurado contra la propiedad personal; ésta es una práctica común en la financiación de viviendas fabricadas.

Préstamo convencional (hipoteca convencional) *(conventional loan)*. Un préstamo del sector privado, que no es garantizado o asegurado por el gobierno de EE.UU.

Préstamo predatorio *(predatory lending)*. Un tipo de préstamo que se encuentra entre lo apropiado, la valoración basada en el riesgo y el fraude flagrante.

Préstamo reembolsable al vencimiento *(balloon mortgage)*. Un préstamo que ofrece pagos módicos del capital por un período de tiempo inicial (cinco, siete o diez años); después de ese período, el prestatario debe pagar el saldo total del préstamo o refinanciarlo.

Préstamos sobre el capital en la propiedad *(home equity loan)*. Un préstamo cuyo monto se limita a la diferencia entre el monto de capital que el comprador tiene en la propiedad y el valor de mercado de la vivienda.

Prestatario *(borrower)*. Una persona que ha sido aprobada para recibir un préstamo. El prestatario está obligado a saldar el préstamo y cualesquiera cargos relacionados con éste, según las condiciones del préstamo.

Presupuesto *(budget)*. Un plan detallado para coordinar los recursos y los gastos.

Prima *(premium)*. La cantidad que se paga de una póliza de seguros.

Primera hipoteca *(first mortgage)*. Un préstamo que tiene prioridad sobre las reclamaciones de subsecuentes entidades crediticias por la misma propiedad si el prestatario incumple.

Proceso de evaluación *(underwriting).* El proceso de analizar una solicitud de préstamo para determinar la cantidad de riesgo que conlleva otorgarlo. La evaluación incluye una revisión del crédito del prestatario potencial y una tasación del valor de la propiedad.

Programa de Instrucción y Aprendizaje para Compradores de Viviendas *(Homebuyer Education Learning Program* —HELP, sigla en inglés). Un programa educacional ofrecido por la FHA que asesora a las personas sobre el proceso de la compra de vivienda.

Propiedad adquirida *(acquired property).* Una propiedad que se posee como resultado de una ejecución hipotecaria (o la escritura fue aceptada en lugar de la ejecución hipotecaria) o es adquirida como resultado de una reclamación. A la propiedad adquirida también se le llama *bienes raíces en propiedad* (REO, sigla en inglés).

Proporciones (o relaciones) de calificación *(qualifying income ratios).* La relación entre los gastos que se esperan hacer mensualmente en la casa con el ingreso bruto mensual; o entre el monto total de las deudas mensuales, incluidos los gastos que se destinan a la casa, con el ingreso bruto mensual.

Punto *(point).* Cada punto es un cargo que es igual al uno por ciento del monto del préstamo.

Punto de descuento *(discount point).* Una cantidad pagada al cierre para reducir la tasa de interés sobre el préstamo. Un punto es usualmente el uno por ciento del monto total del préstamo.

Punto básico *(basis point).* Una centésima de un uno por ciento (0.01 por ciento).

Radón. Un gas radioactivo que se encuentra en algunas casas y que, si se produce en grandes concentraciones, puede causar problemas de salud.

Reclamación parcial *(partial claim).* Una opción de indulgencia ofrecida por la FHA. Le permite al prestatario, con ayuda de la entidad crediticia, obtener un préstamo del HUD libre de interés para poner al día los pagos de la hipoteca.

Refinanciación *(refinancing)*. Saldar un préstamo mediante la obtención de otro. La refinanciación suele hacerse para garantizar mejores condiciones, tales como tasas de interés más bajas o un período de préstamo más corto.

Registro de documento *(document recording)*. El proceso de inscribir ciertos documentos y de hacer que entren a formar parte del registro público de la transacción y transferencia de la propiedad.

Relación de deudas e ingresos *(debt-to-income ratio)*. La relación entre los pagos totales de deudas con el ingreso bruto. También se le llama proporción trasera *(back-end ratio)*.

Relación de préstamo a valor *(loan-to-value ratio —LTV, sigla en inglés)*. La relación del saldo del préstamo con el valor tasado de la propiedad. Calcule el LTV dividiendo el monto pedido en préstamo entre el valor tasado de la propiedad. Cuanto más alto sea el LTV, tanto menos dinero en efectivo debe aportar el prestatario como pago inicial.

Rendimiento *(yield)*. La efectiva tasa de crédito de una hipoteca, basada en cargos, la tasa de interés y el precio pagado por ella.

Reserva en efectivo *(cash reserve)*. La entidad crediticia a veces exige que el prestatario disponga (en reserva) de una cierta cantidad de dinero en efectivo (usualmente la suma de un número específico de mensualidades para el pago de la hipoteca) además del pago inicial y de los costos del cierre.

Saldo descontado *(discounted payoff)*. Un acuerdo negociado con un acreedor que le permite al prestatario pagar menos dinero del que realmente debe para cesar todas las actividades de cobranza (también se le llama *acuerdo*).

Segunda hipoteca *(second mortgage)*. Un préstamo para una casa cuyo prestador tiene derechos subordinados a los derechos de la primera hipoteca. En el caso de una ejecución hipotecaria, esta hipoteca debe saldarse después de la primera.

Seguro *(insurance)*. Protección contra una pérdida específica durante un período de tiempo; la protección está asegurada por un pago periódico regular, llamado prima.

Seguro contra inundaciones *(flood insurance)*. Una póliza exigida por la entidad crediticia si la propiedad está localizada en un terreno que se inunda.

Seguro de responsabilidad civil *(liability protection* or *liability insurance)*. Seguro que protege al propietario de los daños que puedan sufrir otras personas y sus propiedades personales debido a una negligencia suya.

Seguro de título *(title insurance)*. Seguro para proteger la entidad crediticia (póliza del prestador) o al comprador (póliza del propietario) contra pérdidas provocadas por disputas sobre el derecho a una propiedad.

Seguro del propietario *(homeowner's insurance)*. Una póliza de seguros que combina protección contra daño a la propiedad y su contenido, protección contra reclamos por negligencia o acciones inadecuadas que den lugar a lesiones de alguna persona o daño a la propiedad.

Seguro hipotecario *(mortgage insurance)*. Una póliza que protege a las entidades crediticias de algunas de las pérdidas, o de la mayoría de ellas, que pueden ocurrir cuando un prestatario incumple un préstamo hipotecario. Usualmente se les exige a los prestatarios un seguro hipotecario cuyo pago inicial es menor del 20 por ciento del precio de la compra. El prestatario paga una *prima de seguro hipotecario* (MIP, sigla en inglés); este pago mensual suele ser parte del pago de la hipoteca.

Seguro por riesgos *(hazard insurance)*. Seguro para proteger al comprador de los costos del daño físico a la propiedad y a su contenido ocasionado por vientos, incendio, robo, vandalismo y otros riesgos. Véase *seguro del propietario*.

Seguro privado de hipotecas *(private mortgage ißnsurance* —PMI, sigla en inglés). Compañías de propiedad privada que ofrecen seguros hipotecarios regulares y especiales (a precios razonables) a prestatarios que reúnan las condiciones.

Servicios *(servicing)*. El cobro de pagos y la administración de una hipoteca.

Solicitud *(application)*. El primer paso en el proceso de la aprobación oficial de un préstamo. El *formulario de solicitud* contiene información acerca de la persona que solicita el préstamo de dinero. La *tarifa de solicitud* es un cargo que la entidad crediticia impone una sola vez para cubrir los costos del proceso de solicitar un préstamo hipotecario; el cargo puede incluir los costos de un informe de crédito y la tasación de la propiedad.

Solo y separado *(sole and separate)*. Una forma de propiedad en la cual un solo individuo es el dueño.

Tasa de interés *(interest rate)*. El monto del interés que se cobra sobre el pago mensual de un préstamo, usualmente se expresa como porcentaje anual.

Tasa de interés asegurada *(interest rate lock-in)*. Una garantía por escrito de que el prestatario recibirá el préstamo a una tasa de interés específica, siempre que el cierre tenga lugar dentro de un período de tiempo dado.

Tasa de pagaré *(note rate)*. La tasa de interés sobre un préstamo hipotecario.

Tasa Porcentual Anual *(annual percentage rate —APR, sigla en inglés)*. El costo del dinero que se pide en préstamo. El costo se presenta como tasa de interés anual, e incluye todos los gastos asociados con el préstamo: interés, puntos, seguro de hipoteca y otros cargos.

Tasación *(appraisal)*. Una opinión profesional del valor de la propiedad en el mercado. El documento que contiene la opinión también se llama tasación. La entidad crediticia usualmente exige una tasación para cerciorarse de que el préstamo hipotecario no excede al valor de la propiedad. El *tasador* es un profesional idóneo que lleva a cabo la tasación, calcula el valor y prepara el documento de la tasación.

Tenencia en común *(tenancy in common)*. Una forma de propiedad en la que dos o más personas comparten una propiedad y poseen diferentes acciones de la misma.

Tenencia mancomunada *(joint tenancy).* Una forma de propiedad en la que dos o más personas tienen un interés igual e indiviso en la propiedad.

Título *(title).* Un documento legal que establece el derecho de propiedad.

Título I *(title I).* Un préstamo asegurado por la FHA que permite al prestatario hacer renovaciones o reparaciones (no mejoras lujosas) en la casa. Los préstamos de título I son menores de $7.500 y no requieren un gravamen.

Tope *(cap).* Un límite con respecto a cuánto puede aumentar o disminuir una tasa de interés. En las hipotecas de interés ajustable (ARM, por su sigla en inglés) se pone un tope.

Traspaso *(conveyance).* La transferencia del título de una propiedad inmobiliaria de una de las partes a otra.

Departamento de Asuntos de Veteranos *(Department of Veterans Affairs)* —VA, sigla en inglés). El Departamento de Asuntos de Veteranos es un organismo federal que garantiza préstamos hechos a veteranos. Semejante al seguro hipotecario, un garante de préstamo protege a la entidad crediticia de pérdidas si el prestatario incumple.

Valor calculado *(assessed value).* El valor que se le da a la casa; este valor determina el monto del impuesto sobre la propiedad. Un tasador del gobierno *(asesor)* es un funcionario público que determina el valor de una propiedad con fines impositivos.

Valor equitativo de mercado *(fair market value).* El precio hipotético en el que un comprador y un vendedor bien dispuestos convendrían si estuvieran actuando libre y cuidadosamente, y con pleno conocimiento de la situación.

Venta previa a la ejecución hipotecaria *(preforeclosure sale).* Cuando una entidad crediticia o prestador conviene en permitirle a un prestatario incumplidor que venda la propiedad para evitar la ejecución hipotecaria.

Veracidad en el préstamo *(truth-in-lending).* Una ley federal que exige a las entidades crediticias dar plena cuenta por escrito de todos los cargos, términos y condiciones asociados con el préstamo.

Verificación de depósito (VOD, sigla en inglés). Un formulario enviado a cada depositario que aparece en la solicitud de préstamo para verificar los fondos que el propietario ha pedido en préstamo.

Verificación de empleo (EV, sigla en inglés). Un formulario enviado al empleador del prestatario para verificar el empleo y el historial laboral de éste.

Bibliografía

La Biblia. NVI. Sociedad Bíblica Americana.

Comisión de la Vivienda del Milenio (bipartidista) nombrada por el Congreso de los Estados Unidos. *Meeting Our Nation's Housing Challenges.* Washington, DC: United States Congress, 2002.

Harkness, Joseph, M., y Sandra J. Newman. "Effects of Homeownership on Children: The Role of Neighborhood Characteristics and Family Income". *Federal Reserve Board of New York, Economic Policy Review,* junio de 2003: 87–107.

Haurin, Donald R., Toby L. Parcel y Jean R. Haurin. "The Impact of Homeownership on Child Outcomes". *Joint Center for Housing Studies of Harvard University,* octubre de 2001.

Howe, Peter E. "Low-Income Homeownership Literature Review". Department of Economics, Maxwell School of Citizenship and Public Affairs, Syracuse University, 10 de noviembre de 2003.

Rohe, William M., y Shannon McCarthy Van Zandt. "The Social Benefits and Costs of Homeownership: A Critical Assessment of the Research". *Joint Center for Housing Studies of Harvard University,* octubre de 2001: 1–31.

United States Housing and Urban Development. "Urban Policy Brief Number 2", agosto de 1995.

Agradecimientos

Hay muchas personas que me han ayudado en la redacción de este libro y me alegra mucho tener la oportunidad de reconocerles su apoyo. En primer lugar, los miembros de mi familia, Dee, Sito y Tata, que revisaron parte del texto e hicieron varios comentarios útiles. En segundo lugar, la ayuda administrativa de Arlene Larsen, que me ahorró mucho tiempo y esfuerzo. Maritza Ortiz, directora de vivienda de Nueva Esperanza, se tomó el tiempo de revisar mis notas y de aportar algunos elementos que faltaban. Mis amigos Nelson Acevedo, miembro de la junta de Nueva Esperanza y banquero especializado en hipotecas, y Nancy Pérez, vendedora de seguros, también dedicaron su tiempo a revisar porciones del texto y a ayudarme a explicar los matices de la transacciones hipotecarias y de seguros y los procesos de cierres. Gracias a la junta directiva de Nueva Esperanza y a Clero Hispano por permitirme realizar este proyecto. En la editorial *Simon & Schuster,* mi agradecimiento a David Hawkins, el corrector de estilo, a quien le debo un estrechón de manos; a mi editora Johanna Castillo, que me convenció de seguir adelante con la Serie Esperanza y que ha mostrado tener gran confianza en la labor que desempeño, y a Judith Curr, que aprobó mi manuscrito para Atria Books. Para todos ustedes que han leído este texto pido una bendición en su búsqueda de una casa que puedan transformar en un hogar y, al igual que en todas las cosas, estoy inmensamente agradecido a Jesucristo, que me da aliento para poder cumplir el sueño de mi vida de publicar un libro que sea de utilidad y valor para alguien. A ese fin digo Amén.